真の教育

エレン・G・ホワイト 著
鈴木聖二 訳

福音社

TRUE EDUCATION
An Adaptation of EDUCATION

by

ELLEN G. WHITE

Published by Pacific Press® Publishing Association
in association with
Review & Herald Publishing Association

FUKUINSHA
Japan Publishing House of Seventh-day Adventist
Yokohama, JAPAN

［本書に関する情報］

著者について

エレン・G・ホワイト（一八二七～一九一五年）は、世界で最も幅広く翻訳されているアメリカ人著作家の一人です。その著作は、一六〇か国以上の言語で出版されています。彼女の著作の霊的で実践的なテーマは豊富かつ多岐にわたり、著作物の合計は一〇万ページを超えます。聖霊の導きのもと、彼女は読者の心を信仰の基礎である聖書に向けます。

原書について

原書である *True Education* は、一九〇三年に初版が発行された *Education*（邦訳タイトル『教育』）から、広範囲にわたってその内容を抜粋し、再構成したものです。原書の文中で引用されている聖句は、新欽定訳聖書（New King James Version）からのものですが、日本語訳である本書では、断りのない限り、日本聖書協会新共同訳聖書の聖句を用いています。

まえがき

エレン・G・ホワイトは、一九〇三年の初めに*Education*（邦訳タイトル『教育』）と題する本を出版しました。この本は、広く世界中の読者の心をとらえました。この本が教育の基本原則をはっきりと示しているがゆえに、何十年にもわたって、多くの保護者や教師が教育のハンドブックとしてこれを用いてきました。

この大きな影響力を持った本の初版から一〇〇年以上が過ぎ、今、新しい世代が世に出て久しいことを考えるとき、セブンスデー・アドベンチスト北アメリカ支部教育部は、新しい世代に向けた特別な形でこの本を出版することにしました。その結果、*Education*を親本とする*True Education*（本書の原書）の出版にいたったのです。わたしたちは、現代人の心に届くように編集されたこの本が、多くの新しい読者を魅了するものと信じます。原書の本文中の聖句は、特に断りのない限り、ホワイト夫人が最も多く用いた欽定訳聖書（King James Version）の現代的改訂版である新欽定訳聖書（New King James Version）から引用しています（また、その日本語訳である本書では、断りのない限り、日本聖書協会刊の新共同訳聖書を用いています）。

人生においてはだれもみな、チャンスと責任、成功と挫折といった実際の現実に向き合わなければなりません。人は、そのような経験を通して環境を支配するか、あるいはその奴隷になるかを選びますが、その選択はその人が受けた教育によって大きく左右されます。

教育原理や教育哲学を扱った本は世の中にたくさんあります。そしてどの本も、そのパラダイム（思想的枠組み）として固有の理論を持っています。本書は、著者が「聖書の……中心的テーマ」（一三九頁）と呼ぶ神学的原則から流れるもののゆえに、他の教育書とはまったく別の物になっています。そのテーマとは、「救済の計画、すなわち人間の精神《たましい》のなかに神の御像《みかたち》を回復する」（同頁）ことです。エレン・G・ホワイトは彼女の著作のなかで、この中心的原則が「善悪の大争闘」のテーマであるとも表現しています。

このように著者は、「教育の働きと救済の働きは一つです」（三九頁）と言います。保護者と教師の役割は、このパラダイムを心において、生徒たちが、「創造主なる神が持っておられるのと同じ性質の能力である個性――すなわち、考え、行動する力が与えられ」ていることの真の価値を認めるように導くことです。神から与えられたこの能力を持つ生徒たちは、「責任を担い、仕事においてはリーダーとなり、人の品性に感化をおよぼす者となるのです。……知識だけの役に立たない弱虫……ではなく、自ら考え、行動するに足る強さを持つ青年、すなわち環境の奴隷となることなく、かえって環境を支配する人、広い心と明晰な頭脳を持ち、何より勇気をもって信念に立つ人」(二四頁)となるのです。

彼女を教育というテーマでの広範な著作へと駆り立てたものは、人生の門口に立つ青年たちが、社会にあって良き市民として責任を担い、生活に必要な実際的経験を十分に積み、健康でよく発達した体を持ち、神を畏《おそ》れ、汚れのない品性と、原則に真実な心を持つ者となるように備えさせたいという思いでした。

エレン・G・ホワイトは、若い人たちの友でした。彼女は、長年教育機関と深く関わり、青年たちが人生に備えるために、どんな問題で悩んでいるかをよく知っていました。彼女はさらに、通常、著作家、あるいは講演者が持ちえない(教育に関する)知識と技量を持っていました。

それは、カリキュラムについての詳しい知識や、各種教育システムの長所の違いなどの知識ではなく、教育に欠くことのできない大原則に関わるものです。わたしたちは、保護者や教師が現代の青年たちを教育するにあたって、本書が他に類を見ない力強い導き手になると信じます。

目次

第1章

真の教育の根源とその目的

真の教育は、ある学問を極めたり、知識を追い求めたりすること以上のことを意味します。それは、人の存在全体に関わることであり、人間にゆるされる生存期間のすべてに関わるものです。それは、身体的にも、知的にも、精神的（霊的）にも、人に与えられた能力のすべてが完全な調和のうちに発達することを意味します。

このような教育の根源をたどれば、人の思いは、「無限の存在」を指し示すいのちのみことばへと導かれます。「知恵と知識の宝はすべて、キリストの内に隠れて」（コロサイ二章三節）いるからです。世の中には、膨大な研究を成し遂げた、知の巨人と呼ばれるにふさわしい偉大な教師たちがいます。彼らは人の思考を刺激し、広大な知識という原野に分け入る道を拓きました。しかし、彼らよりさらに高いところに立つお方がおられるのです。わたしたちの住む太陽系の星たちが太陽の光を反射して輝くように、彼らの教えが真実である限り、これらの世の偉大な思想家たちは、「義の太陽なるお方」から輝き出る光を反射することができます。どんなにかすかな思索のきらめきも、いかなる知性のひらめきも、すべて「世の光なるお方」から来るのです。

今日、一般的に言う「高等教育」の資質と重要性について、多くの議論がなされています。真の「高等教育」は、主なる神の口から出る「知識と英知」（箴言二章六節）によって与えられるものです。

すべての真の知識と真の発達の源は、神の知識にあります。辺りを見渡せば、物理的、知的、精神的（霊的）、いずれの分野でも、わたしたちが観察し、研究するすべてのもののなかに、罪の暗い影を除きさえすれば、この知識が見えるのです。どのような方面の研究であれ、わたしたちが真理に到達したいという真摯《しんし》な目的をもって探求するなら、すべてのものを通して、すべてのもののうちにあって働いている見えざる万能の「知性」に触れるよう導かれます。人間の知力は、神の知力との交わりのなかに導かれ、有限な者が「無限のお方」と交わるのです。この交わりのなかにこそ、最高の教育が見いだされます。それこそが、神ご自身の開発メソッド（方法）なのです。「神と和解しなさい」（ヨブ記二二章二一節／英訳聖書では、「神を知りなさい」）。これこそが、神から人類家族へのメッセージなのです。このメッセージのなかにある神のメソッドは、アダムとエバの教育にも用いられたメソッドでした。

神の栄光に満ちた目的

教育の働きには何が含まれるのかを理解するには、人間の性質と、神が人間を創造された目的の両方を考える必要があります。わたしたちはまた、罪を知ったことによって起きた人間の状態の変化と、神が人類の教育において実現したいと望んでおられる栄光に満ちたご計画について考える必要があります。

アダムとエバが創造主の御手を離れたとき、彼らは肉体的にも、知的にも、精神的（霊的）にも、彼らの造り主に似た性質を持っていました。「神は御自分にかたどって人を創造された」（創世記一章二七節）のです。そして、人が長く生きれば生きるほど、より完全に神の御像《みかたち》を現すようになることこそが、神の目的でした。彼らのすべての能力は開発することが可能であり、彼らの理解力と精神力は絶えず増進するのでした。それらの能力を働かせる場は広大であり、彼らの探求のために開かれた地は輝かしい栄光に満ちていました。目に見ることのできる宇宙の神秘、すなわち「完全な知識を持つ方（の）……驚くべき御業」（ヨブ記三七章一六節）が人の研究を待っていたのです。顔と顔を合わせ、心と心を通わせて彼らの創造主と交わることこそが、彼らに与えられた最高の特権でした。

もし彼らが神への忠誠にとどまっていたなら、これらすべてのものは永遠に彼らのものであったことでしょう。永遠へと続く各時代を通じて、彼らは知識の新しい宝を手に入れ、日々新たに幸福の泉を発見し、神の知恵と力と愛の概念をはっきりと、いやがうえにもはっきりと、理解したことでしょう。彼らが造られた目的をもっと完全に果たし、いよいよ完全に創造主の栄光を反映する者となっていたでしょう。

しかし、人は不服従によってこれらの特権を失いました。罪のために、神に似た姿は傷つけられ、ほとんど消し去られてしまったのです。人間の身体的な力は弱められ、知的な能力は小さくなり、精神的（霊的）なものを見る心の目は曇りました。彼らは死に服従する存在となりました。しかし、それでもなお、人類は絶望の淵に捨て置かれたのではありませんでした。無限の愛とあわれみによって生命の猶予が与えられたのです。人のなかに神の御像を回復すること、ふたたび彼らを、彼らが造られたときの完全な姿へ戻すこと、これこそが人類救済の働きとなるのでした。これこそが、教育の究極の目的であり、人生最大の目的なのです。

教育の基礎は愛

愛は創造と救済の根拠であり、真の教育の基礎となるものです。それは、神が人生の指針としてお与えになった律法のなかにはっきりと示されています。第一の、そして最も重要な戒めは、「心を尽くし、精神を尽くし、力を尽くし、思いを尽くして、あなたの神である主を愛しなさい」（ルカ一〇章二七節）という戒めです。力と思いと心のすべてをもって、無限のお方、すべてを知るお方である神を愛することこそが、あらゆる能力の最高の発達を意味するのです。そしてそれは、思いと精神《たましい》のなかに回復されるべきものが神の御像であることを意味しています。

第二の戒めも、第一の戒めと同じように、「隣人を自分のように愛しなさい」（マタイ二二章三九節）と命じます。愛の律法は、体と思いと精神《たましい》を、神と人類への奉仕のためにささげることを求めます。この奉仕は、わたしたちを人々への祝福とならせる一方、わたしたち自身にも他のことでは得ることのできない最も大きな祝福をもたらします。すべての真の発達という木の下には、自分を忘れて人のために尽くす精神という根があるのです。人間のあらゆる能力は、私心のない奉仕を通して最高に養成され、わたしたちはもっと豊かに神のご性質にあずかる者となるのです。

すべての真の知識の根源は神ですから、教育の第一の目的はわたしたちの思いを、神ご自身がわたしたちに示してくださる御像に向けることでなければなりません。アダムとエバは、神との直接の交わりを通して知識を得、その御業を通して神がどんなお方であるかを学びました。すべて神によって造られたものは、当初はみな完全に神の「思い」を表していました。アダムとエバにとって、自然界は神の知恵に満ちていました。しかし、神の律法を破ったために、人類は神との直接の交わりを通して学ぶ機会を失い、さらに、神の御業を通してでさえ、ほとんど学ぶことができなくなったのです。地球は傷物となり、罪によってその完璧な美しさはそこなわれ、創造主のご栄光を表してはいるものの、それはかすかなものとなりました。自然は今もなお、創造主について語ってはいますが、そこに示された神は部分的で不完全なものであり、さらに、わたしたちの堕落した状態のために、神を知る能力は弱められ、視野は狭くなり、自然界に残されたかすかな神の御姿さえも、正しく読み取ることができなくなってしまったのです。わたしたちには、神がそのみことばである聖書のなかに示された、ご自身についてのより豊かな啓示が必要になりました。

聖書は真理の完全な標準ですから、教育においても聖書が最高の場所に置かれるべきです。わたしたちが教育を真に価値あるものとするためには、創造主なる神についての知識と、救い主なるキリストについての知識とを得る必要があります。そして聖書のなかにこそ、それらの知識は示されているのです。

考え、行動する力

神の御像にかたどって創造された人間一人ひとりには、創造主が持っておられるのと同じ性質の力である個性――すなわち、考え、行動する力が与えられています。この力が開発されて初めて、人は責任を担い、仕事においてはリーダーとなり、人の品性に感化をおよぼす者となるのです。この力を開発すること、言い換えれば、青年たちが、ただ他人の考えを受け売りするだけの者になるのではなく、自ら考える者になるように訓練することこそが、真の教育の働きなのです。生徒たちを真理の源へ、すなわち自然界とそのなかに示された神の知恵を探求する者に開かれた広大な学びの原野へと導かなければなりません。人間の本分と運命という重大な事実について、生徒たちに熟考させなさい。そうすれば、彼らの精神は高められ、強められます。

学びのために建てられた各機関は、知識だけの役に立たない弱虫を生み出すのではなく、自ら考え、行動するに足る強さを持つ青年、すなわち環境の奴隷となることなく、かえって環境を支配する人、広い心と明晰な頭脳を持ち、何より勇気を持って信念に立つ人を社会に送り出すことができるのです。

このような教育は品性を強めるので、真理や高潔さが利己的な願望や世俗的な野心の犠牲になることはありません。そのような教育は、ある種の情熱が人を支配し、滅ぼすまでの力となるのを許さず、あらゆる動機と願望を義の大原則に調和させます。神のご品性の完全さが心に宿るとき、思いは新たにされ、精神は神の御姿に再創造されるのです。

このような教育にまさる教育があるでしょうか。このような教育に並ぶ価値を持つ教育が他にあるでしょうか。

知恵は純金によっても買えず
銀幾らと値を定めることもできない。
オフィルの金も美しい縞《しま》めのうも
サファイアも、これに並ぶことはできない。……
真珠よりも知恵は得がたい。
（ヨブ記二八章一五、一六、一八節）

わたしたちに対する神の理想

神がその子どもたちにお望みになる理想は、人間の考えのおよばないほど高いものです。神のようになること、すなわち神の御姿に似ることが、到達しなければならないゴールです。生徒たちの前には不断の進歩という小道が開かれており、彼らには達成すべき目的、すべて良いもの、すべて純粋なもの、すべて貴いものを手に入れるために到達すべき標準があります。生徒たちは真の知識を見いだすために学ぶあらゆる分野で、できる限り早く、できる限り遠くへと前進するのです。しかし彼らの努力は、天が地よりも高いように、単なる利己的で束の間の利益よりもはるかに高い目的へと向けられるでしょう。

教師は、神の知識を青年たちに与え、神に調和した品性を形づくるという神聖な目的に協力することによって、気高く、高貴な働きに携わります。神の理想に到達したいという強い望みを呼び覚ますことによって、彼らは天のように高く、宇宙のように広い教育を生徒たちに授けるのです。このような教育は、現世において終わることがなく、来世でも続けられるでしょう。それは、よく学びを修めた生徒たちが地上の予備校から天の上級学校へと進むための入学許可を確保する教育なのです。

第2章
エデンの学校

このようにして世界の初めに定められた教育制度は、すべての時代を通じて人類のために模範となるべきものでした。その制度の原則を示す実例として、エデンにモデルスクールが設立されました。そこに造られた園が教室であり、自然界が教科書であり、創造主ご自身が教師であり、人類家族の両親であるアダムとエバが生徒でした。

「神の姿と栄光」（Ⅰコリント一一章七節）となるように創造されたアダムとエバは、その気高い運命にふさわしい資質と才能が与えられていました。優美で均整のとれた姿形、ほんのりとさす健康的な赤みと、喜びと希望に輝く顔、彼らのそうした外観は、彼らを造られた方に似たものでした。このような神との相似は、肉体的な性質に表れていただけではありません。彼らの思いと精神《たましい》のすべてに、創造主の栄光を映していました。アダムとエバは、「天使たちよりもわずかに低い者」（ヘブライ二章七節／英訳聖書）として造られましたが、彼らは目に見える宇宙の不思議を認めることができただけでなく、道徳的な責任と義務を理解することができました。罪によってそこなわれていない、見渡す限りどこも美しい自然界のただなかで、わたしたちの最初の両親は教育を受けるのでした。

わたしたちの天の父は、彼らの教育を個人的に指導されました。しばしば神のメッセンジャーとして天使たちがふたりを訪れ、神からの助言と教えを伝えました。一日のうちの涼しい時間に、ふたりはしばしば園を歩きましたが、そんなとき、彼らは神の声を聞き、神と顔と顔を合わせて交わるのでした。彼らに向けられる神の思いは、「平和の思いであって、悪い思いではな（く）」（エレミヤ二九章一一節／英訳聖書）、神のあらゆる目的は、彼らを最高に幸せにすることでした。

アダムとエバには、「そこを耕し、守るように」（創世記二章一五節）と、園を管理する仕事が託されました。有用な仕事が祝福として彼らに与えられ、それは彼らの体を強め、思いを広げ、品性を高めるのでした。

自然という教科書は、尽きることのない教えと歓《よろこ》びの源でした。森の木々の葉の一枚一枚に、山々の岩に、きらめく星の一つひとつに、地上に、海に、空に、神の御名が書き記されていたのです。エデンの住人は、木の葉と、草花と、樹木と、そしてあらゆる生き物と語り合い、その一つひとつから生命の神秘をひろい集めました。天に現された神の栄光、その秩序正しい公転のなかにある無数の世界、「雲のつりあい」（ヨブ記三七章一六節／英訳聖書）、光と音、昼と夜の神秘――それらすべてが、地上で最初の学校の生徒にとって学びの対象でした。

自然界の法則と営み、そして精神的（霊的）宇宙をつかさどる真理の大原則が、それらすべての無限の創造者なるお方によって、彼らの知性に向かって開かれていました。「神の栄光を悟る光」（Ⅱコリント四章六節）のなかで、彼らの知的、精神的（霊的）能力は開発され、彼らは、自分たちが聖なる存在であることに最高の歓びを見いだしました。

神の創造の御手を離れた当初は、エデンの園だけでなく、地上のすべてがきわめて美しいものでした。清らかな創造をそこなう罪のしみも死の影もありませんでした。神の栄光が「天を覆い／威光は地に満ち（て）」（ハバクク三章三節）おり、「夜明けの星はこぞって喜び歌い／神の子らは皆、喜びの声をあげ」（ヨブ記三八章七節）ました。地は「慈しみとまことに満ち（た）」（出エジプト記三四章六節）お方の紋章（エンブレム）としてふさわしいものでした。そこは、神の御像に似せて造られた者たちが学ぶにふさわしい場所だったのです。

エデンの園は、神が計画された地球全体のあるべき姿を代表していました。人類家族が増え、神が彼らにお与えになったエデンの園と同じような家庭や学校を地上に造ることが、神の目的でした。こうして地球全体が、いずれは、神のみことばや御業を学ぶ家庭や学校で満たされ、そこで学ぶ生徒たちは、永遠にわたって、神の栄光の知識の光をますます豊かに映すのにふさわしい者となるのでした。

第3章 善悪の知識

わたしたちの最初の両親は、純潔で聖なる者として創造されましたが、神の律法に違反することができない場所に置かれたのではありませんでした。神は彼らを、神の要求に背く力のない者として創造することもおできになったかもしれません。しかし、もしそうしておられたなら、そこには、もはや品性の発達はなかったでしょう。彼らの奉仕は自発的なものではなく、強制されたものになっていたでしょう。それゆえに、神は彼らに選択の能力、すなわち従うか、あるいは服従することを差し控えるかを選ぶ力を与えられたのです。そして、神が与えたいと強く望んでおられた祝福を彼らが完全に受ける前に、彼らの愛と忠誠は試されなければなりませんでした。

エデンの園には、「命の木と善悪の知識の木」(創世記二章九節)がありました。「主なる神は人に命じて言われた。『園のすべての木から取って食べなさい。ただし、善悪の知識の木からは、決して食べてはならない。食べると必ず死んでしまう』」(同一六、一七節)。アダムとエバは悪を知ってはならないというのが神のみこころでした。善の知識は彼らにあますところなく与えられていました。しかし、罪とその結果についての知識は、愛のうちにとどめられていたのです。

新しく創造されたこのカップルのために、神が幸せのみを願っておられた一方で、サタンは彼らを滅ぼそうと躍起になっていました。エバが禁じられていた木についての神の警告を無視し、危険を冒してその木に近づいたとき、彼女は敵との接触のなかに身を置いたのでした。彼女の関心と好奇心が呼び覚まされると、サタンは神のみことばを否定し、その英知と善を疑うようほのめかし始めました。「食べてはいけない、触れてもいけない、死んではいけないから、と神様はおっしゃいました」（創世記三章三節）という女の言葉に対して、誘惑者は言いました。「決して死ぬことはない。それを食べると、目が開け、神のように善悪を知るものとなることを神はご存じなのだ」（同四、五節）。

サタンは、この善と悪の入り混じった知識が、さも祝福であるかのように見せかけ、神がその実を取ることを禁じるのは、大きな幸福を与えるのをもったいぶっておられるからだと思わせようとしました。サタンは、神がその実を味わうのを禁じるのは、その実に知恵と力を与える不思議な性質があるからで、神は、彼らがさらに高潔な発達を手に入れ、より大きな幸福を見いだすことのないように、そのチャンスをとどめておられるのだと力説しました。サタンは、自分自身も禁じられた実を食べ、その結果、話す力を手に入れたのだから、もし彼らもこの実を食べれば、さらに高貴な身分を手に入れ、より広い知識の原野に足を踏み入れることができるだろうと断言したのです。

サタンは、禁じられた実を食べたために大きな幸福を手に入れたと主張する一方、神の律法に違反したために天から追放された身であることは黙っていました。ここに偽りがありました。この偽りは見せかけの真実のもとに、あまりにうまく隠されていたので、エバは夢中にさせられ、おだてられ、だまされ、この欺きを見抜くことができませんでした。彼女は、神が禁じておられたものをむやみに欲しがり、そして神の英知を疑いました。彼女は信頼（信仰）という知識の鍵を投げ捨てたのでした。

神への不信

エバが見ると、「その木はいかにもおいしそうで、目を引き付け、賢くなるように唆《そそのか》していた。女は実を取って食べ」（創世記三章六節）ました。実を食べたとき、彼女は生気を与える力を感じ、自分がより高等な存在になったかのように思いました。神のご命令に背いた彼女が、今度は誘惑者になり、「彼も食べた」（同）のでした。

敵は、「それを食べると目が開け、神のように善悪を知るものとなる」（創世記三章五節）と言いました。確かに、彼らの目は開かれましたが、その結果は、なんと悲惨だったことでしょう！　ふたりの違反者が手に入れたのは、悪の知識と罪ののろいだけでした。実そのものに有毒な成分はありませんでした。また、単に食欲に負けたことが罪であったのでもありません。神の善を疑ったこと、みことばを信じなかったこと、そして神の権威を否定したことが罪だったのです。この罪が、わたしたちの最初の両親を違反者にし、この世に悪の知識をもたらしたのです。それが、あらゆる種類の偽りと誤りに対して扉を開いたのでした。

わたしたちの最初の両親は、英知をお持ちである唯一のお方よりも、欺瞞《ぎまん》者の言葉に従うことを選んだためにすべてを失いました。善と悪が混じり合ったことによって、彼らの思いは混乱し、彼らの知的、精神的（霊的）力は麻痺させられました。もはや彼らは、神が惜しみなく与えておられた善なるものを理解できなくなったのです。

アダムとエバは、悪の知識を選んだのでした。もはや彼らはエデンの園に住むことができません。そこは完全無欠な場所であるがゆえに、今、彼らが学ぶべき最も重要な教訓を、もはやそこで学ぶことはできないのです。言葉では言い表すことのできない悲しみのうちに、彼らは美しい環境に別れを告げ、罪にのろわれた地上に住むために出て行かねばなりませんでした。

神はアダムに向かって言われました。「お前は女の声に従い／取って食べるなと命じた木から食べた。お前のゆえに、土は呪われるものとなった。お前は、生涯食べ物を得ようと苦しむ。お前に対して／土はあざみを生えいでさせる／野の草を食べようとするお前に。お前は顔に汗を流してパンを得る／土に返るときまで。お前がそこから取られた土に。塵にすぎないお前は塵に返る」(創世記三章一七〜一九節)。

地上は罪ののろいのために荒廃しましたが、それでもなお、自然界はわたしたちの最初の両親の教科書でした。自然界はもはや良いものだけを映すことができなくなり、いたるところに悪の爪痕《つめあと》が残っていました。かつては神のご品性、すなわち善の知識のみが書かれていた自然界に、今はサタンの品性、すなわち悪の知識もまた書かれているのです。今では善と悪の知識の両方を表すことになった自然界に、人類は絶えず罪の結果を見ることになったのでした。

しおれる花、枯れ落ちる木々の葉に、アダムとエバは、衰退の最初の兆《きざ》しを認めました。あらゆる生けるものは必ず死ななければならないという厳粛《げんしゅく》な現実が、彼らの心にありありと迫りました。彼らのいのちのよりどころである空気さえも汚染され、死にいたる病のもとを運ぶのでした。

彼らは、失った自分たちの統治権について絶えず思い起こしました。人よりも低いものとして造られた生き物たちのなかにあって、人は王という立場にありました。そして、人が神に忠誠を尽くす限り、自然界のすべては人の統治を認めたのです。しかし、人が神の律法に背いたとき、この統治権は剥奪《はくだつ》されてしまいました。人間自身が扉を開いて招き入れてしまった謀反《むほん》の精神は、動物たちの間にまで広がりました。このようにして、人の生き方だけでなく、獣たちの性質も、森の木々も、野の草花も、空気さえも——すべてが悪の知識の悲しむべき教訓を物語っていました。

しかし人類は、彼らが選んだ悪の結果のなかに捨て置かれたのではありませんでした。サタンに下された宣告のなかには、救済の計画が暗示されていました。「お前と女、お前の子孫と女の子孫との間に／わたしは敵意を置く。彼はお前の頭を砕き／お前は彼のかかとを砕く」（創世記三章一五節）。わたしたちの最初の両親が聞いたその宣告は、彼らへの約束でした。厳しい労働と深い悲しみがふたりのものとなること、そして彼らがやがて土に返らなければならないことを耳にする前に、彼らは希望のことばを聞いたのです。それは、サタンに屈服したために失われたすべてのものが、キリストを通して再び手に入れられるとの約束でした。

自然界は、このメッセージをわたしたちに繰り返しています。罪のためにそこなわれてはいても、自然界は創造の御業とともに、救済についても語っています。地球がなおも豊かで美しいのは、生命を与える神の力の証拠なのです。一つひとつの創造の力の現れのなかに、わたしたちは、「正しく、真に聖《きよ》いもの」（エフェソ四章二四節／英訳聖書）として新たに造り変えられるという保証を見ることができます。このように、わたしたちの心に大いなる損失をあざやかに思い起こさせる自然界の営みとそこに生きる物たちは、わたしたちへの希望のメッセンジャーでもあるのです。

悪がおよぶあらゆるところで、悪を捨てて善なるものを受けなさいと、父なる神が子どもたちに警告される御声が聞こえます。

第4章 教育と救済の関係

罪によって、人類家族は神との親密な交わりから断たれました。人類救済の計画がなかったなら、彼らは永遠に神から引き離されたまま、終わることのない夜の暗闇のなかにいることになったでしょう。しかし、救い主の犠牲を通して、神との交わりが再び許されたのです。わたしたちは自分で神の御前に出て、御顔を見ることは許されていません。しかし、救い主なるイエスによって神に会い、神と交わることができるのです。「イエス・キリストの御顔に輝く神の栄光を悟る光」（Ⅱコリント四章六節）が現れ、神は、「キリストによって世を御自分と和解させ……られたのです」（同五章一九節）。

「言《ことば》は肉となって、わたしたちの間に宿られ……恵みと真理とに満ちていた」（ヨハネ一章一四節）。「言の内に命があった。命は人間を照らす光であった」（同四節）。わたしたちの救済の対価であったキリストの生と死は、わたしたちに対する命の約束と保証であり、また知恵の宝庫を再び開く手段であるだけでなく、エデンで罪を犯す前の、まだ聖《きよ》かった彼らでさえ知らなかった、さらに広く、さらに高い神のご品性の表れなのです。

さらに、キリストはわたしたちに向かって天を開かれますが、キリストがお与えになる命は、わたしたちの心を天に向かって開きます。罪は神への道を閉ざすだけでなく、人間の精神《たましい》のなかにある神を知る能力と、神を知りたいと望む願いをも滅ぼしてしまいます。これらすべての罪の働きを取り消すことがキリストの使命なのです。キリストは、暗くされた人間の思い、間違った道に迷っている意志、そして罪のために麻痺した精神《たましい》の機能を回復し、元気づける力を持っておられます。キリストはわたしたちに宇宙の宝庫を開き、それらの宝を見分け、正しく用いる力を与えてくださいます。

キリストは、「まことの光で、世に来てすべての人を照らす」（ヨハネ一章九節）のです。人類はみな、キリストを通していのちをいただいているように、すべての人の精神《たましい》もまた、天の光の輝きを受けています。すべての人の心には、知的な力だけでなく、正しいことを見分ける力や善を求める心といった精神的（霊的）な力があるのです。しかし、これらの原則に対抗して、これを打ち負かそうとして働いている力があります。善悪を知る知識の木から取って食べた結果を、すべての人がはっきりと自分のものとして経験しているのです。わたしたちの性質のなかには悪への傾向が、すなわち助けなしには抵抗できない力があります。この力に負けないために、そして、わたしたちが唯一価値あるものとして心《たましい》の奥底にとどめている理想を手にするために、わたしたちは一つの力のなかにのみ、助けを見いだすのです。その力とはキリストです。この力と協力することこそが、わたしたちが最も必要とするものです。すべての教育の働きにおいて、この協力こそが、わたしたちの最高の目標となるべきではないでしょうか。

真の教師が目指すもの

真の教師は二流の働きに満足することがありません。真の教師は生徒たちを、彼らが到達できるところよりも低い標準に導くことに満足しません。彼らは、ただ技術的な知識を与えることや、単に利口な会計士、腕のよい職人、成功した専門家を生み出すことに満足しません。彼らの抱く志は、生徒たちのなかに真実、従順、誇り、誠実、そして純潔といった原則を吹き込むことであり、その原則によって生徒たちは、社会を安定させ、高めるためになくてはならない力となるのです。そして真の教師は、何よりも、生徒たちが自分を忘れて他者に奉仕するという人生の最も重要な教訓を学ぶことを願うのです。

これらの原則は、心がキリストに出会い、キリストの知恵を人生の指針として受け入れ、キリストの力を心と人生の力とするときに、品性を形づくる生きた力となります。キリストとの一致によって、生徒たちは知恵の源を見いだすのです。彼らのうちに最も気高い理想を実現する力が彼らのものとなります。そのような訓練を受けるとき、彼らは永遠にいたる教育を学んでいるのです。

最高の意味において、教育の働きと救済の働きは一つです。救済においてと同じように、教育においても、「イエス・キリストというすでに据えられている土台を無視して、だれもほかの土台を据えることはでき」（Ｉコリント三章一一節）ないからです。

世界の状況が変わってもなお、真の教育は創造主の計画、すなわちエデンの学校の計画に従ったものでなければなりません。アダムとエバは、神との直接の交わりを通して教えを受けましたが、わたしたちはキリストの御顔に輝く栄光の知識の光に目を注ぐことによって教えを受けるのです。

教育の大原則は変わりません。「これら（の原則）は世々かぎりなく堅く立」（詩篇一一一篇八節／口語訳）つのです。なぜなら、それらの原則は神のご品性そのものだからです。生徒たちがこれらの原則を理解できるように助けること、そして彼らをキリストとの関係のなかに入らせ、このキリストとの関係が彼らの人生を支配する力となるようにすることこそが、真の教師の第一の務め、変わることのない目標でなければなりません。この目標を自分の目標とする教師は、真のキリストの同労者、神の働き人となります。

第5章 イスラエルの教育

エデンで初めて設立された教育制度は、家族を中心とするものでした。アダムは「神の子」（ルカ三章三八節）でした。ということは、神の子であるアダムとエバは、彼らの「父親」である神から教えを受けたのです。まぎれもなく、彼らの学校は家庭学校（ホームスクール）でした。

罪を犯したために堕落したあとの人類の状態に合わせるために神がお立てになった教育計画においては、キリストが父なる神の代わり、つまり神と堕落した人間との間をつなぐ架け橋を務めることになりました。そして今度はキリストが、ご自分の代わりとなるように人間を任命なさいました。このように、家庭が学校であり、両親が教師でした。

人類の祖先の時代には、このような家庭を中心とした学校が一般的でした。神の導きのもとにあった人々は、神が最初に定められた人生の計画にまだ従っていました。しかし、神から離れた人々は、都市を建設し、そこに集まって住み、その都市の壮麗さ、贅沢《ぜいたく》な暮らし、そして悪徳を誇りとしました。しかし、神の原則に堅く立つ家族は、都市を離れた自然のなかに住み、農耕や牧畜で生計を立てました。このような自由で自立した生活は、働き、学び、そして瞑想《めいそう》する機会に恵まれていたので、彼らは神について学び、子どもたちにも神の働きと方法について教えました。

これこそが、神がご自分の民であるイスラエルにお望みになった教育の方法でした。しかし、彼らがエジプトの捕囚生活から導き出されたときには、親たち自身が教えと訓練を必要としていました。一生を捕虜として過ごしたために、彼らは無知で、知識も経験もなく、堕落しきっていたのです。彼らはほとんど神を知らず、信仰の火も消えかかっていました。彼らの信仰は誤った教えに惑わされ、長い間異教の教えに触れてきたために腐敗していました。神は彼らをもっと高い精神的レベルへと引き上げたいとお望みになり、その目的のために、彼らがもう一度神を知ることができるように力を尽くされたのでした。

神は彼らを荒れ野でさまよわせ、飢えと渇きのなかで弱らせ、異教の敵からの攻撃という危険にさらされました。そうして、彼らのための救出のご計画をお示しになり、彼らの幸福のために神の力が休みなく働いていることを示すことによって、彼らの信仰を強めたいと望まれたのです。それらの経験を通して、イスラエルが神の愛と力に信頼することをまず学び、神のあわれみによって、律法の教えに従って品性の標準を手に入れることが、神の最大の願いであり、すべての試練の目的でした。

イスラエルは、シナイ山の麓《ふもと》に一時滞在していた間に貴重な教訓を学びました。それは特別な訓練の期間となり、彼らを取り囲む環境は、神の目的を達成するのに適していました。シナイ山の頂には、それまで旅の導き手であった雲の柱が、麓の平野に広がる彼らの野営地に影を落とすようにとどまっていました。夜には火の柱が神の守りの保証として宿営を照らし、彼らが眠りに落ちている間に、天からのパンが静かに野営地に降りました。宿営から目を上げれば、どちらを見ても広がるごつごつした高地が、おごそかな壮麗さのなかに永遠の時間と主権を物語っていました。人々は、「山々を秤《はかり》にかけ、丘を天秤《てんびん》にかける」（イザヤ四〇章一二節）お方がおられるところで、彼らの無知と弱さを感じさせられるのでした。自然界にご栄光をはっきりと示すことによって、神はイスラエルに、神のご品性と要求の神聖さ、そしてその要求に背いた罪の大きさを彼らの心に刻みつけようとされたのです。

しかし、イスラエルは学ぶことに遅い民でした。エジプトにおいて、神の代わりとなる物、しかも堕落しきった性質を持つ偶像に慣れてしまっていた彼らにとって、目に見えないお方の存在とご品性を想像することは難しいことでした。彼らの弱さをあわれまれた神は、ご臨在の象徴をお与えになりました。「わたしのための聖なる所を彼らに造らせなさい。わたしは彼らの中に住むであろう」（出エジプト記二五章八節）と、神は言われました。

聖所を建てるにあたって、モーセは神から、すべてのものを天国にある調度品の型に従って作るようにとの指示を受けました。神はシナイ山に彼を呼び、天国の調度品がどんな物であるかをお見せになりました。それらに似た物で幕屋は飾られるのでした。

そこで神は、ご自分がお住まいになるところを造るようにお命じになったイスラエルに、ご自身の栄光に満ちた理想のご品性を示されました。その型は、シナイで律法がイスラエルに与えられた際、神がモーセの前を通り過ぎて、「主、主、憐れみ深く恵みに富む神、忍耐強く、慈しみとまことに満ち」（出エジプト記三四章六節）と宣言されたときに示されたものでした。

しかし、彼らは自分たちでこの理想に達するには無力でした。シナイで見た物は、彼らの足りなさと無力さを痛感させただけでした。幕屋は、そこで行われる犠牲の奉仕を通して、罪のゆるしについての教訓を教え、また救い主に心から従うことによって生かされるという、彼らに必要な力を教えるために設けられるのです。

象徴としての幕屋の目的は、キリストを通して達せられるのでした。幕屋の神々しい建物、守護天使の刺繍《ししゅう》をほどこした幕を映して虹色の光にきらめく黄金の壁、幕屋中に広がる絶やすことなく焚《た》かれた香の芳香、しみのない純白のローブを着た祭司たち、さらに奥まったところに深い神秘に包まれ、贖《あがな》いの座の上方に向かい合って頭を垂れて拝む一対の天使たちの間にある最も聖なる方のご栄光――神はご自分の民が、これらすべての象徴のなかに人間のたましいを救うための目的を読み取るようにとお望みになったのです。長い年月を経たあとに、使徒パウロが聖霊によって次のように述べたのも同じ目的からでした。「あなたがたは、自分が神の神殿であり、神の霊が自分たちの内に住んでいることを知らないのですか。神の神殿を壊す者がいれば、神はその人を滅ぼされるでしょう。神の神殿は聖なるものだからです。あなたがたはその神殿なのです」（Ⅰコリント三章一六、一七節）。

途方もない仕事

幕屋建設の準備にあたって、イスラエルに与えられた特権と栄誉は大きいものでしたが、同時にまた、その責任も大きいものでした。最も高価な材料と最高の美術的技巧を要求する卓越した壮麗さを示す建造物が、奴隷の身から逃れて来たばかりの、いわば流浪の民によって荒れ野に築き上げられるのです。それは途方もない仕事に思われました。しかし、この建造物を設計し、その建築を命じられたお方が、彼らと共にいて助けると誓われたのでした。

「主はモーセにこう仰せになった。見よ、わたしはユダ族のフルの孫、ウリの子ベツァルエルを名指しで呼び、彼に神の霊を満たし、どのような工芸にも知恵と英知と知識をもたせ、……わたしはダン族のアヒサマクの子オホリアブを、彼の助手にする。わたしは、心に知恵あるすべての者の心に知恵を授け、わたしがあなたに命じたものをすべて作らせる」（出エジプト記三一章一～三、五、六節）。

キリストと天使たちが教師になって職業訓練を施すこの荒れ野の学校は、なんとすばらしい学校だったことでしょう！

聖所となる幕屋の準備と調度品を備えつけるために、すべての人が協力して働きました。それは、頭と手の両方を使わなければならない仕事でした。多種多様な材料が必要とされ、そのすべてを人々の寄付でまかなうように呼びかけられました。このようにして、人々は神と協力すること、そしてお互いに協力することを学んだのです。さらに彼らは、霊的な建物、すなわち人の心《たましい》のなかに建てられる神の宮の建築においても協力しなければなりませんでした。

エジプトを離れる以前にも、彼らには一時的な組織があり、一定の効果を上げていました。人々は組に分けられ、それぞれの組にはリーダーがいました。この組織はシナイで完成しました。神の働きのすべてに見られたすばらしい秩序は、そのヘブライ人の組織のなかに一目瞭然でした。神が権威と統治の中心でした。モーセは神の代理人として、神の御名によって律法を執行しました。彼の下に七〇人から成る評議会があり、その次に祭司と王家の男子たちがいました（民数記一一章一六節参照）。さらにその下に、「千人隊長、百人隊長、五十人隊長、十人隊長」（申命記一章一五節）が続き、そして最後に、特別の任務のために選ばれた役員がいました。宿営地は的確な秩序をもって配置され、中央には神がとどまられる幕屋があり、その周囲を祭司とレビ人のテントが囲み、さらにその外には、各部族がそれぞれの旗を掲げて宿営しました。

宿営内では徹底した衛生管理のための規則が守られていましたが、それは人々の健康のために必要であったばかりでなく、彼らのなかに聖なるお方のご臨在を保つために必要なことでした。モーセは人々に、「あなたの神、主はあなたを救い、敵をあなたに渡すために、陣営の中を歩まれる。陣営は聖なるものである」（申命記二三章一五節）と宣言しました。

イスラエル人の教育には、すべての生活習慣も含まれました。彼らの幸福に関することは、すべて天の関心事でした。神は食べ物においてでさえ、最高のものを願って提供されました。マナは、身体的にも、知的にも、そして道徳的にも、人のすべての能力を増進する、神ご自身が荒れ野で彼らを養うために用意なさった食べ物でした。この食べ物しかないことに多くの者が反抗しましたが、神がこの食べ物をお選びになったその英知の正しさは、だれもが否定できない形ではっきりと証明されました。荒れ野での生活は困難を極めたにもかかわらず、どの部族を見渡しても、一人として虚弱な者はいませんでした。

彼らの長い旅の間、神の律法である十戒が刻まれた石板を納めた契約の箱が、つねに彼らの前を進みました。彼らが宿営すべき場所は、雲の柱の降下によって示されました。その雲が幕屋の上に静止している間は、彼らも宿営にとどまり、雲が離れると彼らも旅を続けるのでした。休止も出発も、厳かな祈りの言葉が合図となりました。「主の箱が出発するとき、モーセはこう言った。『主よ、立ち上がってください。あなたの敵は散らされ……ますように。』その箱がとどまるときには、こう言った。『主よ、帰って来てください。イスラエルの幾千幾万の民のもとに』」（民数記一〇章三五、三六節）。

価値ある教え

イスラエルの人々が荒れ野を旅しているとき、歌という手段を通して多くの貴重な教訓が彼らの心に刻まれました。エジプトのファラオの軍隊から救出されたときには、イスラエル軍の全員が勝利の歌に加わりました。その喜びの歌声は砂漠を越え、海にまで響き、「主にむかって歌え、彼は輝かしくも勝ちを得られた」（出エジプト記一五章二一節／口語訳）との賛美の歌声は山々にこだましました。この歌は旅の道中何度も繰り返して歌われ、流浪の旅人たちの心を励まし、信仰を燃え立たせました。天来の導きによって、この歌には、神のいくつものあわれみに満ちた約束や、数々の驚くべき救済の御業の記録と共に、シナイで与えられた律法が歌われていました。それらの歌詞は、楽器が奏でる音楽に合わせて歌いあげられました。こうして賛美の歌声は一つとなって響き、旅の歩みを導くのでした。

このように、彼らの思いは道中のさまざまな困難から引き上げられ、心に吹き荒れる嵐は静められ、真理の原則が記憶に刻まれ、そして信仰が強められました。共に働き、行動することによって、彼らは秩序と一致を学び、神に対しても、お互いに対しても、その絆を深めたのでした。

四〇年に及ぶ荒れ野での流浪の旅の間、神がイスラエルをどのように扱われたかについて、モーセは次のように述べています。「あなたは、人が自分の子を訓練するように、あなたの神、主があなたを訓練されることを心に留めなさい。……こうして主はあなたを苦しめて試し、あなたの心にあること、すなわち御自身の戒めを守るかどうかを知ろうとされた」(申命記八章五、二節)。「主は荒れ野で彼を見いだし/獣のほえる不毛の地でこれを見つけ/これを囲い、いたわり/ご自分のひとみのように守られた。鷲《わし》が巣を揺り動かし/雛《ひな》の上を飛びかけり/羽を広げて捕らえ/翼に乗せて運ぶように/ただ主のみ、その民を導き/外国の神は彼と共にいなかった」(申命記三二章一〇～一二節)。

神は、御手でイスラエルを囲んでその必要を満たし、彼らが神の御名の誉れとなるように、そして近隣諸国に対して祝福となるように、あらゆる特権をお与えになりました。彼らが従順の道を歩むなら、神は彼らを、「あらゆる国民にはるかにまさるものとし、あなたに賛美と名声と誉れを与え(る)」(申命記二六章一九節)と約束し、次のように宣言されました。「地上のすべての民は、あなたに主の御名が付けられるのを見て、あなたに畏《おそ》れを抱く」(同二八章一〇節)。「彼らがこれらすべての掟を聞くとき、

『この大いなる国民は確かに知恵があり、賢明な民である』と言うであろう」（同四章六節）。イスラエルに託された律法のなかには、教育に関するはっきりとした教えが含まれていました。シナイで神はモーセに、ご自身のことを、「憐れみ深く恵みに富む神、忍耐強く、慈しみとまことに満ち」（出エジプト記三四章六節）と表現なさいました。親たちはこれらの原則を子どもたちに教えるのでした。モーセは天からの指示によって、次のように宣言しました。「今日わたしが命じるこれらの言葉を心に留め、子供たちに繰り返し教え、家に座っているときも道を歩くときも、寝ているときも起きているときも、これを語り聞かせなさい」（申命記六章六、七節）。

これらのことは、無味乾燥な理論として教えられるべきではありませんでした。真理を分け与えたいと思う者は、その原則を自ら実行しなければなりません。その人の生活に現された、つねに正しいことを選ぼうとする性質、気高い心、そして自分の利益でなく、他者の利益のために行動する精神を通して、神のご品性が反映されるときにのみ、人は他者を感化することができるのです。

真の教育は、聞く準備ができていない人、あるいは、聞く耳のない人の心に教えを強いることはしません。聞くためには、知性が目覚め、知的な興味が呼び起こされる必要があります。神の教授法は、そのような必要のために与えられたのでした。家庭や聖所では、自然界の美しさや人の熟練の技を通して、儀式の手順や数えきれないほどの象徴によって、神はイスラエルに神の原則を示し、神の驚くべき御業の数々を記憶にとどめるための教訓をお与えになりました。質問がなされ、それに対して与えられる教えは、心と頭に深く印象づけられるのでした。

神に選ばれた民の教育を準備することのなかに、神を中心とする生き方こそが、人生の完成形であることが実践され、立証されています。神が人の心に植えつけられたあらゆる願望と意欲に満足を与えることができるのは神であり、神が人にお与えになった能力を最大に発達させることができるのもまた神なのです。

すべての美の創始者であり、美をこよなく愛されるお方である神は、その子どもたちのなかに、美を愛する心を満足させる方法をお与えになりました。神はまた、人の社交的な必要のために、また思いやりと助け合いに満ちた交わりの機会のために、あらかじめ準備されました。それらの交わりは、互いの絆を深め、人生を明るく、豊かにするのです。

教育の手段としての祭典

教育の一つの手段として、イスラエルの祭典は重要な位置を占めていました。家庭は、通常の生活のなかでは学校であり、教会でもあったので、両親はその両方で教師の役割を担っていました。しかし年に三回、季節ごとに交流と礼拝のための祭典が設けられ、初めはシロで、のちにはエルサレムで催されました。この祭りには、男性である父親と息子だけが参加を義務づけられていましたが、だれもこの祝祭の機会を逃したくなかったので、できる限り家族全員で参加しました。さらに、旅人、レビ人、貧しい者たちも共にこの祝祭に招かれ、もてなしを受けたのでした。

このエルサレムへの旅は、イスラエルの祖先がしたように粗末な旅の姿で行われましたが、若葉の美しい春、草花が豊かに茂る真夏、そして実りに輝く秋、それぞれの季節ごとの美しさのなかを旅するのは大きな楽しみでした。人々は、白髪の老人から幼い子どもにいたるまで、その聖なる住まいで神に会うために、感謝の献《ささ》げ物を携えてやって来ました。旅の道々で人々は、祖先たちが味わった過去の体験談、老いも若きもいまだに愛してやまないその物語をヘブライ人の子どもたちに語り継ぐのでした。そして、荒れ野の流浪の旅で祖先たちを元気づけた歌がふたたび歌われました。神の律法が賛美され、そして、自然界と人の思いやりの絆が、祝福に満ちた感化となって紡ぎ合わされ、多くの若者や子どもたちの心に、永遠に消えない記憶となって刻まれるのでした。

エルサレムで目にされた、過越《すぎこし》の祭りに由来する儀式は、次のようなものでした。人々は夜中に集まり、男たちは腰に帯を締め、足にはサンダルをはき、手には杖を持ち、小羊の肉とイーストを入れないパンと苦い香草を急いで食べます。その後、厳粛《げんしゅく》な静けさのなかで、門口に振りかけられた小羊の血、死をつかさどる天使たち、そして捕囚の地エジプトを脱出するイスラエルの威風堂々とした行進の物語が語られます。それらすべてが相まって人々の想像力を掻き立て、心に深い感動となって残るのでした。

聖所での祝宴、すなわち収穫の祭りでは、果樹園や畑から運ばれてきた献げ物と共に、人々はその祭りの週を、荒れ野の長旅を思い起こして、葉のついた枝で葺《ふ》いた小屋に泊まり、旧交を温め、聖なる記念の式に出席しました。神の働きをする聖職者も、旅人も、貧しい者たちも、共に惜しみないもてなしを受け、その年も、労働に対して良いもので報いてくださった神への感謝の気持ちで、すべての人々の心は天へと引き上げられるのでした。

イスラエルの信心深い人々は、毎年、このようにしてまる一か月を過ごしました。それは、日頃の心配事や労働から解放されて、身も心も時間も、ほとんどすべてを、最も本質的な意味での教育の目的のために費やす期間となるのでした。

土地の所有者

人々に土地の相続権を分配するにあたって、神の目的はイスラエルに、そしてイスラエルを通してのちの世代に、土地の所有権に関する正しい原則を教えることでした。カナンの土地はすべての民に分配されましたが、聖所で奉仕するレビ人だけは例外でした。一時的に自分の土地を手放すことはあっても、子どもたちが受け継ぐ相続権を取引に使うことは許されませんでした。人は自由に、そうしたいと思えばいつでも自分の土地を買い戻すことができました。七年ごとに負債は免除され、五〇年ごとに、すなわちヨベルの年には、すべての土地が元の所有者に返されました。こうして、どの家族にも所有権が保証され、極端な貧富の差が生じることから守られていたのです。

人々に土地を分配することによって、神は、かつてのエデンの住人になさったように、彼らにも最もふさわしい仕事、すなわち動物や植物の世話という仕事をお与えになりました。またさらに、教育的な規定として、七年ごとに農作業を休み、土地も作づけをせずに休ませ、そこに自然に生えてきた作物は貧しい人々のために残しておくことになっていました。こうして生まれた休みの時間は、普段、さまざまな気遣いや労働にまぎれてできない深い学びのために、また話し合いや礼拝のために、あるいは慈善活動のために用いられるのでした。

もし財産の分配に関する神の律法の原則が現在でも実行されていたなら、世の中の状態はどれほど違っていたでしょう！　これらの原則が守られていたなら、金持ちが貧しい人々をしいたげ、貧しい人々が金持ちを憎むといった、いつの時代にも繰り返されてきた恐ろしい悪を防ぐことができ、さらには無政府状態や虐殺といった世界中を脅かす問題を平和的に解決する助けとなったことでしょう。

果実であれ、穀類であれ、羊であれ、牛であれ、肉体労働であれ、頭脳労働であれ、すべての農産物、あるいは収入の十分の一を神にささげること、そして、さらに別の十分の一を貧しい人々や慈善のために用いることは、すべてのものは神の所有であるという真理と、自分たちが神の祝福を人々に届ける通路となる責任を、彼らの心に新たに思い起こさせるのでした。それはまた、利己心を取り除き、広い心と高潔な品性を養うための訓練ともなるのでした。

神を知ること、学びと働きを通して神と交わること、神のご品性に似ること、これらがイスラエルの教育の根源であり、用いるべき手段であり、目指すべき目標でした。すなわち、この教育こそが、神が親たちにお与えになり、さらに親たちによって子どもたちへと継承されるべき真の教育なのでした。

第6章 預言者の学校

イスラエルのなかで、神の教育計画が実行されているところではどこでも、すばらしい結果が、その計画の立案者である神を証ししていました。しかし多くの家庭では、天の定めた訓練が実行されず、その結果として得られたはずの品性の発達もほとんど見られませんでした。神の計画は、その一部のみが不完全な形で達成されたにすぎませんでした。

神の指導を信じないで無視したために、イスラエルはほとんど抵抗する力のない状態で、さまざまな誘惑に囲まれていました。彼らがカナンに住みついたとき、「主が命じられたにもかかわらず／彼らは諸国の民を滅ぼさず／諸国の民と混じり合い／その行いに倣い／その偶像に仕え／自分自身を罠《わな》に落とした」（詩編一〇六編三四～三六節）のでした。「彼らの心は神に対して確かに定まらず／その契約に忠実ではなかった。しかし、神は憐れみ深く、罪を贖《あがな》われる。彼らを滅ぼすことなく、繰り返し怒りを鎮め／憤りを尽くされることはなかった。神は御心に留められた／人間は肉にすぎず／過ぎて再び帰らない風であることを」（詩編七八編三七〜三九節）。

イスラエルの親たちは、神から与えられた責務に無関心になり、子どもたちに対する義務にも無頓着になりました。家庭内の不信仰と周囲の偶像崇拝の影響を通して、多くのヘブライ人の若者たちは、神が彼らのために計画しておられたものとはまったく異なる教育を受け、異教徒たちの生き方を学んだのでした。

このような増え広がる悪に対抗するために、神は親たちの教育の助けとなるよう、他の方法をお与えになりました。人類史の初期の時代から、預言者は神から任命された教師として認められていました。最高の意味において、預言者とは、直接霊感によって語り、神から受けたメッセージを人々に伝える者でした。しかし、そのように直接天からの霊感を受けなくても、神に召されて働く者や、神の方法で人々を教え導く者も「預言者」と呼ばれました。そのような教師を養成するために、サムエルは神の導きのもとに預言者の学校を設立したのです。

この学校は、人々のなかに広がる堕落を防ぐ壁となることを目的としていました。さらには、青年たちの知的、精神的（霊的）健康を提供すること、また神を畏れて行動する資質を備えた指導者や助言者を輩出することによって、国をさらに豊かにすることを目的として建てられたのでした。サムエルはこの目的のために、神を敬い、知的で、熱心に学ぶ若い仲間を集めました。彼らは預言者の子どもたちと呼ばれました。生徒たちがみことばや神の働きを学ぶとき、命を与える天の力が心と精神《たましい》を元気づけ、彼らは上からの知恵を受けるのでした。

この学校の教師たちは、天の真理に精通しているだけでなく、彼ら自身が神との交わりを楽しんでおり、特別な聖霊の賜物《たまもの》を受けていました。彼らは知識においても、信心深さにおいても、人々の尊敬と信頼を得ていたのです。サムエルの時代には、このような学校が二つあり、一つは彼の出身地であったラマに、もう一つはキリヤト・エアリムにありました。のちに、このような学校が他の場所にも建てられました。

これらの学校の生徒たちは、土を耕したり、工具を用いる仕事をしたりして学費をまかないました。教師たちの多くも同じように額に汗して働き、生活費をまかないました。イスラエルでは、子どもたちが有用な仕事を身につけずに成長することは罪と見なされていました。

学校でも家庭でも、口頭での教えがほとんどでしたが、彼らはヘブライ語の読み書きも学び、羊皮紙の巻き物の旧約聖書を開いては、みことばの研究に励みました。これらの学校の主要な科目は、モーセに与えられた神の律法、イスラエルの歴史、賛美のための音楽、そして詩歌でした。イスラエルの歴史の授業では、神のみ足跡を、すなわち神が彼らをどのように導かれたかをたどりました。また、天の聖所の働きの型としての地上の聖所の奉仕のなかに、人類救済の深遠な真理が示されているのを学び、世の罪を取り除く神の小羊という救済の計画全体の中心となるお方の働きが、信仰によって理解されました。祈りの心が大切に育てられ、生徒たちは、祈りが彼らの義務であるということだけでなく、どのように祈るか、どのようにして創造主なる神に近づくべきか、信仰をどのように実践するか、そして聖霊の教えをどのように理解し、従うかについても学びました。

これらの学校は、「国を高め（る）」（箴言一四章三四節）正義を鼓舞するために最も有効な手段となりました。これらの学校がダビデとソロモンの時代の驚くべき繁栄の基礎を据えるために果たした役割は、決して小さくありませんでした。

ダビデの品性に見られる原則

預言者の学校で教えられた原則は、ダビデの品性を形づくり、彼の人生の進路を定めた原則と同じものでした。神のみことばが彼の教師でした。ダビデは、「あなた（神）の命令から英知を得たわたしは……あなたの掟を行うことに心を傾け……ます」（詩編一一九編一〇四、一一二節）と言いました。神がダビデについて、「彼はわたしの思うところをすべて行う」（使徒言行録一三章二二節）と宣言された理由がここにあります。

ソロモンの青年時代にも、神の教育法の結果が見られます。若き日のソロモンは、父ダビデの選択にならいました。あらゆる地上の富以上に、彼は知恵と悟りの心を神に求めました。そして、神は彼にそれらをお与えになっただけなく、富と栄誉も与えられました。その結果、彼の知力、知識の広さ、その治世の栄華は、世の驚きの的となったのでした。

ダビデとソロモンの治世に、イスラエルは繁栄の絶頂に達しました。アブラハムに与えられ、モーセを通して繰り返された神の約束は、こうして実現したのです。「もし、わたしがあなたたちに行うようにと命じるこのすべての戒めをよく守り、あなたたちの神、主を愛してそのすべての道に従って歩み、主につき従うならば、主はあなたたちの前からこれらの国々をすべて追い払われ、あなたたちは自分よりも大きく強い国々を追い払うことができる。……あなたたちに立ち向かいうる者は一人もいない」（申命記一一章二二、二三、二五節）。

しかし、この繁栄のなかに危険が潜んでいたのです。真摯に悔い改め、厳しく罰せられたとはいえ、数年後に犯したダビデの罪は、神の律法に対する違反として人々のうちに広がりました。さらに、ソロモンの一生には、輝かしい約束の朝に、背信という夜の闇が続いたのでした。政治的権力を追い求め、自己を高めたいという欲望から、彼は異教の国々と同盟を結びました。タルシシュの銀、オフィルの金と引き換えに、彼は高潔さと神の信頼を失いました。偶像崇拝の民との交わりと異教の妻たちとの結婚が、彼の信仰を堕落させたのでした。神がその民の安全のために置かれた防壁はこうして崩され、ソロモンは偽りの神々の礼拝に身をまかせました。エルサレムのオリーブ山の頂には、エホバの神の神殿に向かい合って異教の神々への礼拝のために巨大な像と祭壇が建てられたのでした。

神への忠誠を捨てたとき、ソロモンは自我を抑えることができなくなりました。彼の鋭い感受性は鈍くなり、彼の治世初期の誠実で思いやり深い精神は変わってしまいました。高慢、野心、浪費、そして放縦が、無慈悲と過酷な取り立てという実を結びました。公正であわれみ深く、神を畏れる統治者は、圧政をふるう暴君となったのでした。宮での奉仕において、国民の心がつねに主なる神に向けられるようにと祈った王は、民を悪へと誘惑する者になりました。ソロモンは自分自身を恥ずかしめ、イスラエルを恥ずかしめ、そして神を恥ずかしめたのでした。

かつて彼は国民の誇りでしたが、今や、その国民が彼の誤った模範にならいました。彼はのちに悔い改めましたが、その悔い改めも、彼がまいた悪の実りから人々を守ることはできませんでした。神がイスラエルのために定められた規律と訓練は、あらゆる点で彼らの生活を他の国民とは違ったものにするはずでした。その他に類を見ない独自性は、特別な特権であり、祝福となるはずだったのですが、彼らはそれを受け入れませんでした。彼らがあこがれた最高の品性に欠かせない単純さと自制心が、異教の民の表面的な華やかさと放縦に代わりました。「ほかのすべての国々のように」(サムエル記上八章五節)

なることが彼らの望みでした。神がお立てになった教育の計画は打ち棄てられ、その権威は踏みにじられました。

神の方法を退け、異教の現代的な様式を受け入れたとき、イスラエルの没落が始まりました。そしてこの没落は、ユダヤ人たちが自ら従うことを選んだ国々の餌食となるまで続くのでした。

こうしてイスラエル民族は、神が彼らに与えたいと願ってやまなかった祝福を受けることができなくなりました。彼らは、彼らに対する神の目的を正しく認めず、その完成に協力しませんでした。個人としても、民族としても、彼らは神から離れましたが、神を信頼する者たちに対する神の目的は、今も変わることはありません。「すべて神の業は永遠に不変であ（る）」（コヘレト三章一四節）と、聖書は述べています。

時代が異なれば、人々の必要に応えるために、神が人生にどのように、あるいはどの程度関わられるかも異なります。しかし、そうした人間に対する神の愛の働きとその力は、永遠に変わりません。神はいつでもわたしたちの真の教師であり、そのご品性と計画は、いつも変わらないのです。神には、「移り変わりも、天体の動きにつれて生ずる陰もありません」（ヤコブ一章一七節）。

このようなイスラエルの過ちの歴史は、わたしたちに対する教えとして記録されています。「これらのことは前例として彼らに起こったのです。それが書き伝えられているのは、時の終わりに直面しているわたしたちに警告するためなのです」(Iコリント一〇章一一節)。古代のイスラエルと同様、わたしたちにとっても、教育の成功はわたしたちを創造された神の計画を誠実に実行するか否かにかかっています。わたしたちが神のみことばの原則に忠実であるとき、ヘブライ人に与えられたはずの大きな祝福が、わたしたちにも与えられるでしょう。

第7章
偉人たちの生涯

聖書に描かれた歴史のなかには、真の教育の結果である多くの偉人たちの生涯が記録されています。彼らの生涯は、この世にあって他者の祝福となり、神の代表者として生きる人々の貴重な模範になりました。そのような代表者たちのなかに、ヨセフ、ダニエル、モーセ、エリシャ、そしてパウロがいます。

ヨセフとダニエルは、彼らの青年期を、すなわち一〇代から成人するまでの期間を、家から離され、捕らわれの身として異教の地で過ごしました。特にヨセフは、彼の運命を大きく変えることになる誘惑に遭いました。彼は、父の家では優しく大切に育てられましたが、エジプトに売られ、ポティファルの家では奴隷となり、ファラオの地下牢では国家の犯罪人として不当な責めを受けました。しかし、エジプト最大の危機に際して、ついに彼はエジプトの国を救う指導者として召されます。どうして彼は、いかなる状況にあっても誠実な生き方を貫くことができたのでしょうか。

高いところに立てば必ず危険が伴います。社会で成功をおさめ、名誉を手にし、人生の高みに立つ人々には、低いところでは吹くことのない猛烈な誘惑という暴風が吹きつけます。しかしヨセフは、逆境と成功という人生の山と谷の両方で試練の風に向かって揺らぐことなく立ちました。ファラオの宮殿にあっても、囚人として独房にあっても、彼の誠実な生き方は変わりませんでした。

ヨセフは子ども時代に、神を愛し、畏《おそ》れることをすでに教えられていました。彼は父ヤコブから、ベテルでの夜の幻の話を何度も聞かされていました。天からのはしごを昇り降りする天使たちの話を、天の御座から降ってご自身を現されたイエスの話を、彼が心のうちに温めていた罪を断ち、罪に勝利した者として神の王子の称号を受けたヤボク川の岸での葛藤と闘いの話を……。彼はこのような話を、父ヤコブから幾度となく聞いて育ったのです。

父の羊の群れの番をする純粋で単純な生活は、少年ヨセフにとって、彼の心と体の両面の発達をうながす絶好の環境でした。自然界を通して神と交わることによって、また神から託された神聖な責任として父から子へ継承された大いなる真理を学ぶことによって、彼は心の力と原則に堅く立つ精神を手に入れました。

子ども時代を過ごした故郷《ふるさと》カナンを離れ、エジプトで彼を待つ奴隷の境遇へと行き着く恐ろしい旅をしながら、この人生の危機にあっても、ヨセフは父の神を忘れませんでした。子どものころからの父の教えを思い起こし、彼の心《たましい》は、すべての行動を通して、どんなときも天の王に仕えようとの堅い決意に震えるのでした。

周りに友人も知人もいない、奴隷のつらい日々のなかで、見るもの聞くものすべてが不道徳であり、異教礼拝の誘惑に囲まれていましたが、ヨセフの心が揺らぐことはありませんでした。彼は義務に忠実であることをすでに学んでいたからです。

彼がファラオの宮殿に召されたとき、エジプトは当時最も優れた国家でした。文化においても、芸術においても、学問においても、エジプトに並ぶ国は他にありませんでした。ヨセフは、最も困難で危険な時期に、この王国の司政者の重責を担いましたが、その人柄と政策は王の信頼と民の心をつかみました。ファラオは、「彼を王宮の頭に取り立て／財産をすべて管理させ……彼は大臣たちを思いのままに戒め／長老たちに知恵を授けた」（詩編一〇五編二一、二二節）のでした。

聖書のみことばは、ヨセフの人生の秘訣をわたしたちに教えています。父ヤコブは子どもたちを祝福するにあたって、天からの力と美に満ちた言葉で、最愛の子ヨセフについて次のように語りました。

ヨセフは実を結ぶ若木
泉のほとりの実を結ぶ若木。
その枝は石垣を越えて伸びる。

弓を射る者たちは彼に敵意を抱き
矢を放ち、追いかけてくる。
しかし、彼の弓はたるむことなく
彼の腕と手は素早く動く。
ヤコブの勇者の御手により
それによって、イスラエルの石となり牧者となった。
（創世記四九章二三〜二四節）

神への忠誠、見えざるお方への信仰が、ヨセフの人生の錨《いかり》でした。そして、この錨こそが彼の力の源だったのです。

天の大使、ダニエル

ダニエルと彼の仲間たちがバビロンで過ごした青年時代を、ヨセフがエジプトで過ごした初期の数年と比べると、それは明らかにヨセフの生活よりも幸運なものだったと言えるでしょう。しかし、彼らが受けた品性の試練を考えると、それは決してヨセフが受けた試練よりもやさしいものであったとは言えません。ユダヤの王家の血を引くこの若者たちは、彼らの家庭の簡素な生活から、いきなり当時最高の栄華をきわめた都市へ、最強の支配者の宮殿へと送られ、そして他の大勢の若者たちのなかから選ばれ、特別に王に仕える者として訓練を受けることになったのです。彼らを取り囲む堕落しきった贅沢三昧《ぜいたくざんまい》の宮廷の暮らしは、大きな誘惑でした。バビロンの勝者たちは、エホバの神を信じるヘブライ人たちがバビロンの捕虜となったという事実、エホバの神の家で用いられていた聖なる調度品が、今はバビロンの神々の神殿に置かれているという事実、そしてイスラエルの王自身が捕虜の一人となってバビロン人の手にあるという事実をあげて、それらはみな、バビロン人の宗教と慣習がヘブライ人の宗教と慣習にまさっている証拠であると誇りました。このような情況のもとで、イスラエル人が神の律法から離反することで招いた屈辱そのものを通して、神はご自身の主権、その要求の神性さ、そして服従に伴う誤ることのない結果についての証拠をバビロンに示されました。神はこの証拠を、神への忠誠をなおも堅く保つ若者たちを通してお与えになったのです。

ダニエルとその仲間たちは、バビロンでの生活の第一歩から決定的な試練に直面しました。王が食べる物と同じ物を彼らに食べさせよとの命令は、彼らに向けられた王の好意と、彼らの健康への関心の表れでした。しかし、王の食べ物のなかには、偶像に献《ささ》げられた物も含まれていたので、王の気前の良さにあずかれば、このヘブライ人の若者たちは、偽りの神々に敬意を表したと見なされるでしょう。エホバへの忠誠は、彼らにそのような行為を許しませんでした。

ダニエルとその仲間たちは、神のみことばの原則を忠実に教えられていました。彼らは、霊的なもののために世俗的なものを犠牲にすべきことを学んでいました。そして、その報酬を刈り取ることになります。この訓練の終わりに、王国の栄誉を得るための試験を他の優秀な候補者たちと受けた際に、「このダニエル、ハナンヤ、ミシャエル、アザルヤと並ぶ者はほかにだれもいなかった」（ダニエル一章一九節）のです。

バビロンの宮殿には、すべての領土から、この世が与えることのできる最高の教育を受け、才能に恵まれた代表者たちが集められていました。それらの代表者全員のなかにあってなお、このヘブライ人の捕虜たちに並ぶ者はいなかったのです。彼らは身体の能力と美しさにおいて、また知的活力と学問の習得においても、ライバルたちをはるかに凌《しの》いでいました。「王が彼らにさまざまの事を尋ねてみると、彼らは知恵と理解において、全国の博士、法術士にまさること十倍であった」（ダニエル一章二〇節／口語訳）のでした。

こうしてダニエルは、揺らぐことのない神への忠誠心とぶれることのない克己心をもって生きました。彼の言動に見られる高貴な品格と人への礼儀正しい敬意は、彼の上司である異教の役人の「好意と優しい愛情」を勝ち取ります。こうした特性が彼の生活のすべてに見られたのでした。彼はまもなく、この国の総理大臣の地位に上り詰めます。続く君主たちの時代にも、国家の没落や対抗する王国の樹立に際しても、このような彼の知恵と政治的手腕が国を支えました。彼の気配り、礼儀正しさ、そして心からの純粋な善意は、非の打ちどころがなく、その原則に対する忠実さとあいまって、彼の足を引っ張ろうとする敵たちでさえ、「ダニエルは政務に忠実で、何の汚点も怠慢もなく、彼らは訴え出る口実を見つけることができなかった」（ダニエル六章五節）のでした。

ダニエルは揺るがぬ信頼をもって神にすがったので、預言する力が天から与えられました。彼は神から天の大使の栄誉を受け、来《きた》るべき時代の神秘を読み解く力を授かります。異教の君主たちは、この天の代表者との交わりを通して「ダニエルの神」を知らされることになるのでした。ネブカドネツァル王は次のように宣言しました。「あなたたちの神はまことに神々の神、すべての王の主、秘密を明かす方にちがいない」（ダニエル二章四七節）。

誠実で正直な人

ヨセフとダニエルは、その知恵と正しさ、日々の生活に見られる純潔と善意、そして人々の利益のために献身的に働く生き方によって、彼らが人生の初期に学んだ原則に忠実であること、彼らが代表する神に真実であることを証明したのでした。彼らは、エジプトでもバビロンでも国中の尊敬を集めました。異教の人々は、彼らのうちに神の善意とあわれみを見、キリストの愛を見たのです。

この気高いヘブライの青年たちが成し遂げたライフワークは、なんとすばらしいものだったことでしょう。彼らが子ども時代を過ごした家に別れを告げたとき、このような高貴な運命を思いもしなかったでしょう。ぶれることなく、天の導きに忠実に堅く立つ者であったからこそ、神は目的達成のために彼らを用いることがおできになったのです。

神は、これらの青年たちを通して表されたのと同じ揺るがない忠誠心が、現代の青年たちを通して表されることを強く願っておられます。

何ものによっても売り渡されることのない忠誠心を持つ青年、心《たましい》の奥底から誠実で正直な青年、罪を罪と呼ぶことを恐れない青年、真北を指して変わらない磁石の針のように、心からその本分に忠実な青年、天が落ちようとも正しいことのために立つ青年。この世界が最も必要としているのは、そのような青年です。

しかし、このような品性は、偶然の産物ではありません。また、神の特別な好意のしるしでも、摂理のままに天が与える才能でもありません。高潔な品性は、自己鍛錬の結果であり、低級な思いを、天への思いに屈服させること、すなわち、神と人への愛の奉仕に献身することによって培われるものなのです。

青年たちは、与えられた才能が自分のものではないという真実を心に刻まなければなりません。体力も時間も知力も神のものですから、その価値を最高に引き出すためには、神の目的のために用いなければなりません。青年は、神の実を結ぶように期待されている枝であり、神の財産を増やすようにその管理を任された執事なのです。青年一人ひとりに、神の誉れと人類の向上のためになすべき務めがあります。

小事に忠実な人、エリシャ

預言者エリシャは、少年時代を田舎で過ごし、もっぱら神と自然について学び、有用な職を身につけるための訓練を受けて育ちました。背教が国のほとんどすべてを覆っていた時代にあって、彼の父の家は偶像であるバアルに膝をかがめない者たちに属していました。彼らの家はエホバの神を礼拝し、日々の生活のなかで義務に忠実であることを家訓としていました。

エリシャは裕福な農家の子として生まれ、リーダーとしての才能がありました。しかし彼は、生活のなかのありふれた務めを通して訓練を受けました。人を賢明に導くためには、従うことを学ばなければなりません。小さな事に忠実であることによって、彼は将来のより重い責任に備えたのでした。

エリシャは柔和で優しい心を持つ一方、活力に溢《あふ》れ、堅い意志も備えていました。彼は神を愛し、畏れる心を持ち、日々のいやしい骨折り仕事を通して天の恵みと知識のうちに成長し、目的の遂行に必要な意志の力と高潔な品性を手に入れたのです。

預言者となるようにとの召しがエリシャにあったのは、彼が畑を耕しているときでした。天に導かれて後継者を探していたエリヤは、召しのしるしとして、この若者の肩に彼のマントを掛けました。エリシャはそれを理解してこの召しに応え、「立ってエリヤに従い、彼に仕えた」（列王記上一九章二一節）のです。初めのうちは、エリシャに大きな働きは何も与えられませんでした。彼に与えられた訓練の中身は、相変わらず、ありふれた小さな責任でした。預言者エリヤに仕える付き人として、彼はつねにそのような小さな事に忠実だったのです。こうして彼は、やがて神から任命される使命に備えて、日々の務めに力を尽くしたのでした。

彼が初めて召されたとき、彼の献身が試されました。喜び勇んでエリヤに従おうとした彼は、エリヤから家に帰るように命令されます。しかしエリシャは、そのチャンスの価値を理解していました。どんな世俗的な利得も、彼を神のメッセンジャーへの可能性から引き離すことはできませんでした。

時は流れ、エリヤが生きたまま天に上げられる備えができたとき、エリシャもまた、エリヤの後継者となる準備ができていました。そして再び、彼の献身と信仰は試されます。彼はエリヤの伝道旅行に付エリヤに付き添って行く先々で、引き返すように勧められます。しかし、鋤《すき》を引いて畑を耕した若い日の苦労が、エリシャに堅く揺るがない精神を学ばせていました。彼は今、人生の目的から目をそらすことなく、新たな任務という鋤に手を掛けるのでした。

「彼ら（預言者の仲間たち）は、ヨルダンのほとりに立ち止まったエリヤとエリシャを前にして、遠く離れて立ち止まった。エリヤが外套を脱いで丸め、それで水を打つと、水が左右に分かれたので、彼ら二人は乾いた土の上を渡って行った。渡り終わると、エリヤはエリシャに言った。『わたしがあなたのもとから取り去られる前に、あなたのために何をしようか。何なりと願いなさい。』エリシャは、『あなたの霊の二つの分をわたしに受け継がせてください』と言った。エリヤは言った。『あなたはむずかしい願いをする。わたしがあなたのもとから取り去られるのをあなたが見れば、願いはかなえられる。もし見なければ、願いはかなえられない。』彼らが話しながら歩き続けていると、見よ、火の戦車が火の馬に引かれて現れ、二人の間を分けた。エリヤは嵐の中を天に上って行った。エリシャはこれを見て、『わが父よ、わが父よ、イスラエルの戦車よ、その騎兵よ』と叫んだが、もうエリヤは見えなかった。エリシャは自分の衣をつかんで二つに引き裂いた。エリヤの着ていた外套《がいとう》が落ちて来たので、彼はそれを拾い、ヨルダンの岸辺に引き返して立ち、落ちて来たエリヤの外套を取って、それで水を打ち、『エリヤの神、主はどこにおられますか』と言った。エリシャが水を打つと、水は左右に分かれ、彼は渡ることができた。エリコの預言者の仲間たちは目の前で彼を見て、『エリヤの霊がエリシャの上にとどまっている』と言い、彼を迎えに行って、その前で地にひれ伏した」(列王記下二章七〜一五節)。

こうして、エリシャはエリヤの後継者となったのでした。そして、最も小さな事に忠実であった彼は、大きな事にも忠実であることを証明したのです。

力の人であったエリヤは、巨大な悪を打ち倒すために神が用いられた器でした。国家をたぶらかした偶像崇拝は打倒され、バアルの預言者たちは殺害されました。イスラエルの民のなかにリバイバルが起きました。そして、多くの者たちが真の神の礼拝へと立ち帰りつつありました。エリヤの後継者は、注意深く、忍耐強く教えることによってイスラエルを安全な道に導く人物でなければなりません。神の摂理のもとになされたエリシャの若い日の訓練は、彼をこの働きに備えさせるためにあったのでした。

これはだれもが学ぶべき教訓です。神が人を訓練なさるとき、その目的はだれにもわかりません。しかし、小事に忠実であることは、確かに、より大きな責任を担うにふさわしい者の証拠なのです。

信仰による強者《つわもの》、モーセ

モーセが幼少時代を過ごした温かい家を離れたのは、ヨセフやダニエルよりもさらに早い時期でした。

しかし、ヨセフやダニエルの生涯を形づくったのと同じ天の御手がモーセの人生にも働いていました。彼がヘブライの親族と過ごしたのは、わずか一二年にすぎませんが、その日々が彼の偉大な生涯の基礎となったのでした。

モーセの母ヨケベドは、奴隷の女でした。彼女の置かれた生活はつましく、苦しいものでした。しかし、キリストの母となったナザレのマリヤを除けば、彼女ほどこの世界に大きな祝福となった女性はいないでしょう。彼女は、息子モーセがまもなく彼女の手の届かない、神を知らない者たちの庇護《ひご》のもとに移されてしまうことを知っていたので、息子の心に神への愛と忠誠を植えつけるために、心と思いを尽くして教師としての努めを果たしました。そして、その働きは誠実に全うされました。モーセの生涯において、何ものも彼を真理の原則から引き離すことはできませんでした。その原則こそが、母としてのモーセに対する教えの主題であり、彼女自身の生涯の学びのテーマでした。

ヨケベドの息子は、ゴシェンのつましい家庭からファラオの宮殿へと渡され、エジプトの王子として迎えられます。そしてエジプトの学校で、文武両面において最高の訓練を受けます。すばらしい人間的な魅力、堂々たる体格や容姿、そして洗練された知性と王子にふさわしいふるまいを備えたモーセは、軍隊の指揮官としても名声を馳《は》せ、エジプト国民の誇りとなります。モーセは異教崇拝の儀式への参加を拒みましたが、エジプトの宗教のあらゆる奥義を伝授されました。彼は、将来のエジプト君主という、この世が与えることのできる最高の栄誉の継承者でした。しかしモーセは、真の神の誉れと、虐《しいた》げられている神の民の救出のために、エジプトのすべての栄誉を捨てたのです。そしてこのとき、神自らが彼の訓練を請け負われたのでした。

しかしモーセは、まだ彼のライフワークに就く準備ができていませんでした。彼はまだ、天の力に頼るという科目を修める必要があったのです。彼は神の目的を取り違えていました。イスラエルを力づくで救い出すことが彼の望みでした。彼が経験した危険と失敗のすべては、この誤った望みのためでした。敗北に打ちのめされ、失意のうちに彼は逃亡者となり、異国に追放されました。

羊飼いとして、モーセは四〇年をミディアンの荒れ野で過ごします。イスラエルの救出という彼の一生の使命から、もう永遠に切り離されてしまったかに見えました。しかしこの試練を通して、彼はその使命達成のために欠くことのできない訓練を受けていたのです。無知で規律のない群衆を治めるための知恵は、まず自分を治めることを通して学ばなければなりませんでした。羊たちや弱々しい小羊たちの世話は、彼が忠実で忍耐強いイスラエルの牧者となるためにどうしても必要な経験だったのです。このようにして彼は、神の代理人となるために、神のご品性について学ばなければなりませんでした。

千変万化《せんぺんばんか》に形を変えて魅了する享楽と悪徳、偽りの宗教の優雅さ、巧妙さ、そして神秘性など、エジプトで彼を取り巻いていた数えきれない影響力の数々が、彼の心と品性に強い印象を残していました。

厳しい荒れ野の質素な生活を通して、それらの影響はすべて消えたのでした。

人里離れ、荘厳で威風堂々とした山々に抱かれて、モーセはひとり神との時を過ごしました。モーセは神の御前に立ち、その力に覆われているのを感じました。そのような環境でのみ、彼のなかにあった自己満足は掃きのけられ、無限のお方のご臨在の前で、自分がどんなに弱く、役に立たず、目先のことしか見えない有限な存在であるかを悟るのでした。

そこでモーセは、神聖なお方のご臨在を個人的に感じました。彼は単に、肉体をとって地上においでになる、やがて来《きた》るべきキリストの時代を垣間見ただけでなく、近い将来、彼らが行く荒れ野の旅路で、イスラエルの人々と終始共におられるキリストをも見たのでした。のちに人々から誤解され、不当な評価を受けたときにも、彼は、「目に見えない方を見ているようにして」（ヘブライ一一章二七節）耐え忍ぶことができました。

モーセは、単に神について考えたのではなく、神を見たのです。神の御姿は絶えず彼の前にありました。彼はその後も、神の御顔を決して忘れることがありませんでした。

モーセにとって、信仰は単なる当て推量ではなく、現実でした。彼は、神が特別に彼の人生を支配しておられると信じていたので、日々の歩みの一つひとつにも神を認めました。彼は助けの必要を感じ、それを求め、信仰によってそれをつかみました。そして、神の力を確かに感じて励まされ、前進したのです。

このような経験こそが、四〇年におよぶ荒れ野の訓練を通して、モーセが手に入れたものでした。このような経験を与えるためならば、無限の知恵のお方である神にとって、長すぎる時間はなく、大きすぎる代価もないのです。

その訓練の結果と、そこで学んだ教えの数々は、イスラエルの歴史と密接な関係にあるだけでなく、モーセの時代から今日にいたるまで、人類の進歩に貢献してきたすべてのことに深く関係しています。モーセの偉大さについての最高の証言は、「イスラエルには、こののちモーセのような預言者は起らなかった。モーセは主が顔を合わせて知られた者であった」(申命記三四章一〇節/口語訳)というみことばです。

奉仕のなかに喜びを見いだした人、パウロ

ガリラヤの弟子たちの持つ信仰経験と、エルサレムにいた一人の律法学者の持つ火のような情熱と知性の力が一つになったのでした。彼はローマ市民として異教の都市に生まれ、家柄においてユダヤ人であっただけでなく、エルサレムの最高の律法学者(ラビ)たちに学び、その長年の訓練、熱い愛国心、宗教に対する信心深さにおいて、えり抜きのユダヤ人でした。タルソス生まれのサウロ(のちのパウロ)は、ユダヤ民族に対する誇りと排他的思想で広く知られる人物でした。彼は若くして名誉あるサンヘド

リン（ユダヤの最高法院）の議員の一人となります。彼はユダヤ古来の宗教の熱心な信奉者であり、前途を嘱望された期待の星でした。

ユダヤの神学校では、神のみことばに代わって人間の思索が重んじられ、みことばは律法学者たちの解釈や伝統によって、その力を奪われていました。律法学者たちは、自分たちがどれほど優れた者であるかを、他の民族に対してだけでなく、ユダヤの大衆にも誇っていました。彼らは心のうちに、ローマの圧制者たちに対するすさまじい憎しみを抱き、いつか武力でユダヤ国家の至上権を回復するのだとの決意を温めていました。彼らは、その野心的なたくらみとは正反対の平和のメッセージを唱えるイエスに従う者たちを憎み、死に追いやっていました。サウロは最も激しく迫害する容赦のない活動家の一人でした。

エジプトの士官学校で学んだ力の法則が、モーセの品性に与えた影響があまりに大きかったので、彼を愛の法則によってイスラエルを導くリーダーにふさわしい者と変えるために、神と自然界との四〇年の静かな交わりが必要でした。そしてパウロも、モーセと同じ教訓を学ばねばならなかったのです。

ダマスコの門で見せられた十字架にかけられたお方の幻が、パウロの人生の方向を一八〇度変えました。かつての迫害者は弟子になり、かつての教師は生徒になったのです。ダマスコにおいて孤独な暗闇のなかで過ごした数日間は、彼にとって数年に価する経験でした。彼の記憶に蓄えられていた旧約聖書が彼の学課であり、キリストが彼の教師でした。そして、自然のなかの寂しい場所が彼の教室でした。

彼はアラビアの砂漠に行って聖書を研究し、神について学びました。彼は、自分の人生を支配していた心のなかの排他的な思想と伝統を無にし、真理の源であるお方から教えを受けたのです。

人間として最も偉大な教師であったパウロは、最もいやしい務めも、最も気高い任務と同じように受け入れました。彼は、精神的な労働と同じように、肉体的な労働の必要を理解していたので、手仕事をして自分の生活費を得ました。彼は日々、大都市の真んなかで福音を宣教する一方、テント職人として働きました。

パウロは、生まれつき知的な才能に恵まれていましたが、彼の生涯は、まれに見る知恵を示しました。彼の教えとその実践を通して、最も重要な原則、当時の最高の知者たちも見逃していた原則が示されました。自然界に現されている神、「天からの雨を降らせて実りの季節を与え、食物を施して、あなたがたの心を喜びで満たしてくださっている」(使徒言行録一四章一七節)お方、すべての祝福の源であるお方について、異教の町リストラの人々に語る彼の言葉に耳を傾けなさい。

フィリピの地下牢で、肉体は痛み、疲れ果てていたにもかかわらず、真夜中の静けさを破って賛美歌を歌う彼の姿を見なさい。地震によって牢獄の戸がすべて開かれたのち、異教の看守を励ます彼の声がふたたび響きます。「自害してはいけない、わたしたちは皆ここにいる」(使徒言行録一六章二八節)。こうして、パウロを支えている彼の生きて働く信仰を見た看守は、パウロに救いの道を学び、家族全員と共に、迫害されていたキリストの弟子の群れに加わったのでした。

アレオパゴスの評議会を前に、科学には科学を、論理には論理を、哲学には哲学をもって向かい合うパウロを見なさい。彼は、天の愛から生まれる気転を働かせ、彼らが「知られざる神」として知らずに拝んでいたエホバの神を指し示し、彼らがよく知っていたギリシアの詩から引用して、父なる神と、その子どもである彼らの関係をみごとに描写しています。

フェストゥスの法廷でのパウロの答弁を聞きなさい。福音の力を自覚したアグリッパ王が、「短い時間でわたしを説き伏せて、キリスト信者にしてしまうつもりか」（使徒言行録二六章二八節）と叫ぶのに対して、彼は穏やかで礼儀正しい態度で、自分がつながれている鎖を指さしながら答えます。「王ばかりでなく、今日この話を聞いてくださるすべての方が、私のようになってくださることを神に祈ります。このように鎖につながれることは別ですが」（同二九節）。

彼は神への奉仕のなかに喜びを見いだしました。そして、彼の戦いと勝利の生涯を閉じるにあたって、次のように言うことができたのです。「わたしは、戦いを立派に戦い抜き……ました」（Ⅱテモテ四章七節）。

これらの歴史は、きわめて重大な意味を持っていますが、それは他のどの世代にも増して、青年たちにとってより深い意義を持っています。モーセは彼のものとなるはずだった王国を捨て、パウロはユダヤ人としてサンヘドリンの議員の地位にとどまっていれば得られたはずの富と名誉を捨てました。多くの人にとって、それは放棄と犠牲の一生に思えるでしょう。しかし、本当にそうだったのでしょうか。モーセはキリストの訓練の一つひとつを、エジプトの財宝よりも価値あるものと考え、パウロは、「しかし、わたしにとって有利であったこれらのことを、キリストのゆえに損失と見なすようになったのです。そればかりか、……キリストのゆえに、わたしはすべてを失いましたが、それらを塵《ちり》あくたと見なしていますノ」（フィリピ三章七、八節）と宣言しました。

モーセは、ファラオの宮殿とエジプトの最高支配者の座を差し出されましたが、それらの威風堂々たる宮廷には、人の心を神から引き離す罪の享楽しかありませんでした。それでモーセは、それらを選ぶ代わりに、「永続的な宝と正義」（箴言八章一八節／欽定訳聖書）を選び、エジプトの強大さに属するよりも、神の目的のために一生をささげることを選んだのです。彼は、家庭と社会の安全を守る原則を世に与えるために、神に用いられたのでした。その原則は今日、世の偉大な思想家たちが、人間が国を治めるうえで最高の基礎と考えている原則なのです。

エジプトの栄華は、砂ぼこりの下に埋もれました。しかし、モーセの働きは不滅であり、彼がその生涯をかけて実践した義の大原則は永遠に残ります。

モーセの骨折りと気苦労に満ちた生涯は、「万人にぬきんで」て「ことごとく麗しい」（雅歌五章一〇、一六節／口語訳）お方のご臨在によって光り輝きました。彼の生涯は、地上において祝福となり、天にあっては栄誉を与えられるものとなったのでした。

パウロもまた、キリストのご臨在の力によって支えられました。彼は、「わたしを強めてくださる方のお陰で、わたしにはすべてが可能です」（フィリピ四章一三節）と言っています。パウロは自分の労苦の報いとして、将来に約束された喜びを望み見ていたのです。キリストもまた、その同じ喜びのゆえに十字架を忍び、恥ずかしめをお受けになったのですが、その喜びとは、人が自分の働きの結果を見る喜びでした。彼はテサロニケの信者に次のように書きました。「わたしたちの主イエスが来られるとき、その御前でいったいあなたがた以外のだれが、わたしたちの希望、喜び、そして誇るべき冠でしょうか。実に、あなたがたこそ、わたしたちの誉れであり、喜びなのです」（Ⅰテサロニケ二章一九、二〇節）。

パウロが生涯をかけてこの世で働いた結果を、だれが測り知ることができるでしょうか。苦しみを和らげ、悲しみを癒やし、悪をとどめ、利己的でみだらな者を引き上げ、不死の希望によって栄光ある者に変えるなどの愛の影響力のすべてにおいて、パウロと、彼と共に働いた者たちの労苦は、そして、アジアからヨーロッパの海沿いの町々を人知れずめぐって神の御子の福音を宣《の》べ伝えた彼らの働きは、どれほど大きな役割を果たしたことでしょう。

このように、祝福の影響力として働く神の器となる生涯は、どれほど価値あるものでしょう。さらに、このような生涯の働きの結果を、永遠の御国で見ることにまさる喜びが、他にあるでしょうか。

第8章

神からつかわされた教師

「その名は、『驚くべき指導者、力ある神／永遠の父、平和の君』と唱えられる」（イザヤ九章五節）。「神からつかわされた教師」であるキリストは、天が人類に与えた最高にして最大の賜物《たまもの》でした。至高なるお方として天の会議に参加し、永遠なるお方として天の至聖所を住まいとしておられたキリストが、人として神の英知を地上に現すために選ばれたのでした。かつて、罪のために堕落した人類にまで届いた天からの光の一筋は、どれもキリストを通して届けられたものでした。人類史の各時代を通じて、神のみことばを人類に布告し続けた預言者一人ひとりを通して語られたのもキリストでした。地上に見られる最も偉大で、最も気高い心《たましい》のうちに見られる長所はみな、キリストの心を映しているにすぎません。キリストこそが人類の完全な理想なのです。

到達すべき唯一の真の標準として、この完全な理想を明らかにすること、また、人類一人ひとりがなることのできる姿、つまり人性に神性が宿ることで、キリストを受け入れる者がなることのできる姿を示すこと――そのために、キリストはこの世へ来られました。キリストは、神の子どもたちがどのように訓練されるべきか、彼らがどのように原則を実践し、天のいのちを生きるべきかを示すために来られたのです。

神の最大の賜物は、人類の最大の必要に応えるために与えられました。この「光」は、世の暗闇が最も深いときに現れました。長い間、偽りの教えによって、人の心は神から引き離され、偽りの教育が世界に広くはびこり、人間の作った哲学思想が天の啓示に取って代わっていました。人々は、天が与えた真理の標準の代わりに、自分たちが考え出したものを受け入れていました。「いのちの光」からそれて、自分たちで燃やした炎の光を頼りに歩いていたのです。

神から離れ、人の力だけを頼りとした結果、彼らの力は弱くなり、人間の立てた標準にさえ到達できなくなっていました。到達すべき真の卓越は、言葉だけの表面的な教育に甘んじるところとなりました。時折、人の心に真理の源を指し示す教師が現れました。正しい原則を説き、彼らの生涯がそれらの原則の持つ力を証明していました。しかしこうした努力の成果も、人々の心に長く残ることはありませんでした。悪の流れは一時的にせき止められても、やがて堰《せき》を越えて流れ下るのでした。

キリストが地上においでになったとき、人類社会は急速にそのどん底に達しようとしていました。社会の土台となる根本原理そのものが掘り崩されていました。神のみことばの力を失ったユダヤ人たちは、心を麻痺させ、精神《たましい》を無感覚にさせるような伝統と空理空論を人々に押しつけていたのです。「霊とまこと」による神の礼拝は、終わりのない儀式の繰り返しのなかで人間を称賛することにすり替えられていました。世界中のすべての宗教制度が、人の心と精神《たましい》を捉える力を失いつつありました。人々は、天におられるお方に敬意を払うのをやめたとき、人に関心を払うこともやめました。真実、名誉、誠実、信頼、思いやりといったものが、地上から消えつつありました。とどまるところを知らない貪欲と、自分の利益のためにはだれでも利用しようとする野心が、人のなかに広く不信を生み出していました。人の本分、すなわち弱い者を助けるべき強い者の義務、人間としての尊厳や人権などは、夢やおとぎ話であるかのように打ち捨てられ、富と力、安楽と放縦が最高の幸福として追求されました。肉体的な退廃、精神的無感覚、霊的な死、これらがこの時代の特徴でした。

人々の悪しき熱情や意志が、彼らの思考から神を消してしまったために、神を忘れた彼らの心は、ますます強く悪へと傾きました。自分に都合よく考えるようになった彼らは、ついに神を人間の一人のように――つまり、虚栄心の満足を追い求め、自分の楽しみのために勝手な要求をする存在、その身勝手な要求に従う人間は引き上げ、邪魔をする人間は蹴落とす存在だと――見なすようになりました。そのようなわけで、労働者階級の人々は、至高の存在なる神を、その力がさらに強大であることを除けば、彼らの強欲な圧制者と少しも変わらない者だと考えたのです。

このような考えのもとに、あらゆる宗教の形態が作られました。いずれも要求に根差した宗教形態でした。礼拝者たちは、献げ物や儀式を通して、自分の目的のために神の機嫌を取ろうとしました。悪が際限なく強まる一方で、感謝と善を求める思いは弱くなりました。人々は神の御姿を失い、彼らを支配していた悪魔の勢力の刻印を受けました。全世界は道徳的腐敗の掃きだめと化したのでした。

人類の唯一の希望

しかし、人類にとって一つの希望がありました。それはこのような不和と腐敗という成分のかたまりのなかに、新しい酵母が入れられるという希望、人類に新しい命の力がもたらされるという希望、そして神の知識がこの世に回復されるという希望でした。

キリストはこの知識を回復するためにおいでになったのです。彼は、神を知っていると公言する人々によって伝えられていた、神を誤解させる偽りの教えを破棄するためにおいでになりました。キリストは、神の律法の性質を明らかにし、そのご品性のなかに神聖の美しさを表すためにおいでになったのでした。

キリストは、積もり積もった永遠の愛を持ってこの世に来られました。彼は、神の律法が愛の律法であり、天の善意の表現であることを示されました。また、その律法の原則に従うことのなかにすべての人の幸福があり、それによって人類社会の安定、すなわち社会の基礎と枠組みがもたらされることを示されたのです。

神の律法は、家を風から守る生垣、人を敵の攻撃から守る盾として与えられました。その律法の原則を受け入れる人は、だれでも悪から守られるのです。神への誠実は、人に対する誠実をも生み出します。ですから、神の律法は人類一人ひとりの権利とその存在を保護し、この世での、そして来《きた》るべき御国での幸福を確かなものにするのです。この律法に喜んで従う者には、永遠のいのちが保証されます。なぜなら、律法は永遠に続く原則の表現だからです。キリストは、天の原則が持つ人間を改心させる力を示すことによって、その価値を証明するためにおいでになったのです。

当時の人々にとって、物事の価値はすべてその外面の見せかけで決められていました。宗教が力を失うにつれて虚飾が増えました。当時の教師たちは、見せかけの権威と知識をひけらかすことによって人々の尊敬を集めようとしました。キリストの生涯は、このようなものとはまったく対照的でした。その生涯は、ほとんどの人々が人生にはなくてならないと考えていたものが、いかに無価値であるかを立証しました。キリストの教育は、天が認定した知識の源、すなわち、有用な働き、みことばと自然界についての学び、そして人生の体験からじかに得たものでした。

「幼子はたくましく育ち、知恵に満ち、神の恵みに包まれていた」（ルカ二章四〇節）。

このような準備を経て、キリストはご自分の使命を果たすために出て行かれました。そして、男性にも、女性にも、子どもにも祝福となる感化力、それまでこの世のだれも見たことのないような人を変える力を発揮されたのです。

だれでも人を変えたいと望む者は、人を理解しなければなりません。思いやりと信頼と愛によってのみ、人の心は動かされ、引き上げられます。ここに、キリストが最高の教師であられた秘訣があります。キリストだけが、人の心《たましい》を完全に理解することがおできになるのです。

キリストだけが、人類に降りかかるすべての悲しみと誘惑を経験されました。かつて、これほどすさまじい誘惑に襲われた人はなく、世の罪と痛みという、これほどの重荷を負った人も、これほど大きく、優しい思いやりを持つ人もいませんでした。人のあらゆる経験を共有されたキリストは、重荷を負い、誘惑に遭い、闘っている一人ひとりの痛みを思いやるだけでなく、そうした一人ひとりの痛みを共に感じることがおできになるのです。

キリストは、ご自分が教えたとおりに生きた教師でした。彼は弟子たちにこう言われました。「わたしがあなたがたにしたとおりに、あなたがたもするようにと、模範を示したのである。……わたしが父の掟をまもり、その愛にとどまっているように、あなたがたも、わたしの掟を守るなら、わたしの愛にとどまっていることになる」（ヨハネ一三章一五節、一五章一〇節）。このように、キリストのみことばは、その生涯によって完全に立証され、裏づけられました。それ以上に、キリストの教えはキリストそのものでした。キリストのみことばは、その人生経験によって裏打ちされたものであっただけでなく、彼のご品性そのものでした。

キリストは信頼するに足る譴責《けんせき》者でした。かつて彼ほどに悪を憎んだ人はなく、彼ほどに恐れず悪を糾弾した人もありませんでした。キリストの存在そのものが、あらゆる虚偽なるもの、卑劣なものを譴責しました。彼の純潔の光に照らされるとき、人は自分が汚れており、自分の人生の目的が利己的で間違っていることを示されるのでした。それでもなお、キリストは人をみもとに引き寄せられました。彼らを創造されたお方は、彼らの価値をご存じでした。堕落したとはいえ、キリストはなお、人類一人ひとりのなかに神の子の姿を認め、天の交わりに入る特権を回復できる可能性をご覧になったのです。

キリストは、人類一人ひとりのなかに、無限の可能性をお認めになりました。彼は人々を、主の恵みによって変えられうる者としてご覧になりました。希望をもって彼らをご覧になることによって、彼らのうちに希望を吹き込まれました。彼らを信じることによって、彼らのうちに信頼を吹き込まれました。キリストの御前では、軽蔑され、堕落した心《たましい》も、キリストの目に価値あるものでありたい、それを証明したいと強く願うのでした。あらゆる神聖なものに対して心を閉ざしているように見える多くの人々のうちに、新しい心の衝動が呼び覚まされ、絶望している多くの人々に、新しい人生の可能性という扉が開かれました。

愛の生涯

キリストは愛と献身の絆で人々をご自身の心に結び合わされました。キリストにとって、愛は生きることそのものであり、生きることは奉仕でした。「ただで受けたのだから、ただで与えなさい」（マタイ一〇章八節）。

キリストが人類のために犠牲となられたのは、十字架の上でだけではありません。イエスが「方々を巡り歩いて人々を助け」（使徒言行録一〇章三八節）られたとき、その日々の経験は、彼の生き方から溢《あふ》れ出たものでした。このような生き方は、唯一の方法によってのみ持続できました。イエスは、人として神に頼って生き、神との交わりによって生かされていました。キリストの生涯は、確かな信頼の人生、継続的な神との交わりによって支えられた人生であり、天と地に対するその奉仕は、力を失うことも衰えることもありませんでした。

人として生きられたイエスは、神の御座に向かって、神性を人性につなぐ天からの電流によってその人性が完全に充電されるまで祈り求められました。イエスは、神からいのちを受け、そのいのちを人々に分け与えられたのです。

キリストは人々に、神とそのみことばや御業に関する人間の学説を学ぶようにお命じになるのではなく、みことばや御業のなかに、そして神の摂理（計画）を通して現されている神ご自身に目を注ぐように教えられました。キリストは、人々の心が無限のお方のみこころに直接触れる経験へと導かれたのでした。

「今まで、あの人のように話した人はいません」（ヨハネ七章四六節）。この言葉は、キリストが、物理的な分野や知的な分野だけを、または、論理や思索といったことのみを教えたとしても、彼について真実を言い当てていたでしょう。キリストは、何世紀にもわたって労力と研究を注いでも解明できないような神秘の扉を開くことがおできになったでしょう。科学的な分野においても、人類の最終時代まで人間の思考と発見を刺激し続けるような理論を発表することもおできになったでしょう。しかし、彼はそのようなことはなさいませんでした。抽象的な理論を扱うことはせず、品性の発達に欠かせないもの、神を知り、善行をなす力を増すために人間の知力を高めるものを扱われました。人の生き方に関わる真理や人を神に結び合わせる真理について、彼はお語りになったのでした。

キリストの教えは、彼のあわれみのように世界を包含するものでした。人生におけるどんな境遇も、人が経験するどんな危機も、キリストの教えのなかにあらかじめ語られていないものはなく、その原則に含まれていないものもありませんでした。第一級の教師であるキリストのみことばは、人類の最終時代まで彼と共に働く者たちの指針となるでしょう。

キリストにとっては、現在も未来も、近くも遠くも一つでした。彼は世界全体の必要を視野に入れておられたのです。彼の心の目は、人の努力と功績、誘惑と葛藤、途方に暮れる困難と目前に迫る危険、そういった場面の一つひとつに注がれていました。

キリストは人類家族全体のために必要なメッセージを語られただけでなく、その家族の構成メンバー一人ひとりに対してお語りになりました。人生の朝の輝きのなかにいる幼い子どもたちにも、熱意に溢れ、休むことを知らない若者たちにも、力に満ちた壮年期を迎え、責任と心配という重荷を負っている者たちにも、弱さと疲れを覚えている高齢の者たちにも、キリストは語られました。あらゆる国の、あらゆる年代の、あらゆる人間に向かって語られたのです。

キリストはこの世の事柄を、永遠に関わる事柄の下に置かれましたが、それらの重要性を軽視されることはありませんでした。彼は、天と地が互いに関連しているということ、すなわち、天の真理を知ることで、人々が日々の暮らしのさまざまな責任をより良く果たす備えができるのだということをお教えになりました。キリストにとって目的のないものは何一つありませんでした。子どもにとっての遊びも、おとなにとっての仕事も、人生の歓《よろこ》びも心配も苦しみも、すべてはただ一つの目的のための手段でした。すなわち、人の心を天に引き上げるために神を示すという目的のためでした。

キリストのくちびるから語られる神のみことばは、新しい力と新しい意味をもって聞く者の心にはっきりと理解されました。キリストは、人生に見られる事実と経験のすべてを通して、人は天の教訓を学び、神と交わることができることを示されました。神がこの地上に再び住まわれ、人の心は神のご臨在を感じ、世界は神の愛に包まれたのです。

あらゆる真の教育の働きの核心は、神から送られた教師であるキリストのうちに見いだされます。救い主が語られた、「わたしはアルファであり、オメガである。初めであり、終わりである」（黙示録二一章六節）とのみことばは、彼が地上で宣教の働きをされた当時に確かであったと同じように、現在も確かなのです。

このような最高の教師の存在、このような真の教育の可能性を知りながら、最高の教師不在の教育を模索することは、この上もなく愚かなことと言わざるをえません。ごらんなさい。キリストはなおも招いておられます。「渇いている人はだれでも、わたしのところに来て飲みなさい。わたしを信じる者は、……その人の内から生きた水が川となって流れ出るようになる」（ヨハネ七章三七、三八節）。

第9章 キリストの教育法

キリストの教育法の最高の実例は、彼の最初の弟子たちの訓練のなかに見ることができます。この一二人の弟子たちの上に、重い責任が負わされました。キリストが彼らを選ばれたのは、彼らにご自分の霊を吹き込み、やがて地上での働きを離れなければならないときに、その働きを前進させるにふさわしい者とするためでした。彼らはキリストご自身と直接交わるという、他のすべての人にまさる特権を与えられました。キリストと共に働くために選ばれたこれらの者たちは、個人的な交わりを通してキリストご自身を心に刻んだのです。愛された弟子ヨハネは次のように言っています。「わたしたちに現れたこの永遠の命を、わたしたちは見て、あなたがたに証しし、伝えるのです」（Ⅰヨハネ一章二節）。

心と心、思いと思いが触れ合うときにのみ、そして人が天と触れ合うときにのみ、人にいのちを吹き込む力を伝えることができます。それこそが、真の教育の働きがなすべきことなのです

救い主は、弟子たちの訓練に際して、創造当初に定められた教育制度に従われました。十二弟子と、

彼らの必要に応じて仕えたわずかな他の人たちが、イエスの家族でした。彼らはキリストの旅に付き添い、試練や困難を共にし、できる限りキリストの働きを担いました。

キリストは、時には山腹に共に座り、時には海辺や漁に使う船の上から、時には道を歩きながら、弟子たちをお教えになりました。キリストが大勢の人々にお語りになるときはいつでも、その教えを一言も聞き逃すまいと、彼らは押し合うようにしてキリストのそば近くに陣取るのでした。彼らは、キリストが語られる真理を理解しようと、そのみことばに熱心に耳を傾けました。彼らはやがてその真理をすべての国々のすべての世代に教えることになっていたのです。

イエスの最初の生徒は、普通の階級の人々のなかから選ばれました。彼らは、貧しい、無学な漁師であり、正式にユダヤの宗教指導者（ラビ）たちの教えや慣習についての教育を受けたことのない者たちでしたが、骨の折れる日々の仕事や困窮といった厳しい鍛錬によって訓練されていました。彼らには、それぞれ生来の能力や素直に学ぶ心がありました。彼らは救い主の働きを担うために学び、品性を形づくる可能性を持った人たちでした。平凡な人生を歩んでいる人々のなかには、日々の務めを忍耐強く繰り返している多くの労働者がいます。彼らのなかには意識していない潜在的な能力を持った人たちがいて、それがひとたび喚起されれば、世界の偉大な指導者たちの一人になるでしょう。救い主がご自分の共労者と呼ばれたのは、そのような人たちでした。そして彼らは、歴史上最も偉大な教師から三年間の訓練を受けるという特権に恵まれました。

これらのキリストの最初の弟子たちは、個性豊かな人たちでした。世界に出て行って、教師となることが運命づけられていた彼らは、さまざまな性格の人間を代表する必要がありました。ローマに収める税金の取り立てを本業《なりわい》とし、ローマへの従属的生活から召し出されたレビ・マタイ、ローマ帝国の権威に決して妥協しない熱心党員のシモン、衝動的でうぬぼれが強いが心の温かいペトロとその兄弟アンデレ、上品で有能であったものの卑劣な精神の持ち主であったイスカリオテのユダ、忠実で誠実であったものの信じるには遅かったフィリポとトマス、弟子たちのなかでは特に目立つ存在ではなかったものの短所も長所も共に顕著で、力持ちであった小ヤコブとユダ、正直で信頼される人であったものの子どものような純真さを持っていたナタナエル、そして野心的であったものの情に厚かったゼベダイの息子たち――キリストの弟子はこのように多様な人たちだったのです。

生来の性格においても、それまで受けて来た訓練や習慣においてもまったく異なるこれらの弟子たちが、彼らに与えられた働きを全うするためには、感情においても、思考においても、行動においても一致が必要でした。この一致を生み出すために、キリストは、ご自身につながることによる一致へと彼らを導き入れようとなさいました。キリストは父なる神への祈りのなかで、この重荷について次のように祈られました。「あなたがわたしの内におられ、わたしがあなたの内にいるように、すべての人を一つにしてください。……そうすれば、……あなたがわたしをお遣わしになったこと、また、わたしを愛しておられたように、彼らをも愛しておられたことを、世が知るようになります」（ヨハネ一七章二一〜二三節）。

人を造り変えるキリストの力

一二人の弟子のなかに、それぞれ違った形で指導的な立場に着くことになる四人の弟子がいました。キリストは、彼らの将来をすべて見通しておられながら、指導者になるために彼らをお教えになりました。剣にかかって死ぬ運命であったヤコブ、主なるキリストに従い、迫害にも耐えて最も長く働いたヨハネ、異教世界への宣教のパイオニアとなったペトロ、そして仲間のだれよりも有能でありながら陰うつな心の持ち主であったユダ。これらの弟子たちは、キリストの心配の種ではありましたが、同時に、キリストが最も心を配り、たびたび教え諭した弟子たちでした。

ペトロ、ヤコブ、そしてヨハネは、あらゆる機会をとらえて、主なるキリストのそば近くにいたいと望みました。そして、その望みはかなえられました。一二人の弟子たちのなかでも、彼らはキリストと最も近しい関係を持つようになります。ヨハネはじっとイエスの一番近くにいれば、それで満足でした。

そして、彼はいつもそうするのでした。ヨルダン川のほとりで初めてイエスの話を聞いたときも、アンデレはすぐに兄弟を呼びに行きましたが、ヨハネは静かに座ったまま、イエスが語られる驚くべき主題に心を奪われたように考え込んでいたのです。彼は救い主に従い、だれよりも熱心に、夢中になって耳を傾けました。

しかし、そんなヨハネにも欠点はありました。彼とその兄弟は「雷の子ら」（マルコ三章一七節）と呼ばれていたのです。ヨハネは誇り高く、野心家で、けんか好きでした。しかし、天来の教師であるイエスは、そんな彼の弱さの裏に、正直で愛情深い心があるのを見抜いておられました。イエスは彼の利己心をお叱りになり、彼の野心をくじき、彼の信仰を試されましたが、同時に、彼が心の底から思い焦がれてやまなかったもの、すなわち神聖の美と人を造り変える愛を彼にお示しになったのでした。キリストは父なる神に、このように言われました。「世から選び出してわたしに与えてくださった人々に、わたしは御名を現しました」（ヨハネ一七章六節）。

ヨハネには、愛と思いやりと交わりを熱望する性質がありました。花が太陽の光と露を吸収するように、彼は天来の光といのちを吸収しました。彼の品性が主なるキリストのご品性を映すにいたるまで、彼は救い主をあこがれと愛をもって一心に見つめたのです。彼は次のように言いました。「わたしたちが神の子と呼ばれるためには、どんなに大きな愛を父から賜ったことか、よく考えてみなさい」（Ⅰヨハネ三章一節／口語訳)。

弱さから強さへ

弟子たちの成長の経歴のなかで、ペトロの経歴ほどキリストの教育法をよく示す実例は他にありません。大胆で、攻撃的で、うぬぼれの強いペトロは、よくあやまちを犯し、よく叱られましたが、それでもキリストに対する熱い忠誠心と献身的な愛情は、間違いなく称賛に値するものでした。救い主はこの衝動的な弟子に、忍耐強く、親切に接し、彼のうぬぼれをとどめ、謙遜と従順と信頼を教えるために力を尽くされました。しかし、その教えはわずかしか学ばれず、うぬぼれは彼のうちに根強く残っていました。

イエスは彼らに、ご自身がお受けになる試練や苦しみの場面をたびたびお語りになりましたが、彼らはそれを知ろうとせず、見ようともしませんでした。ペトロは、試練に立ち向かわれるキリストの仲間になることにひるみ、恐れを隠そうとして異議を申し立てました。「主よ、とんでもないことです。そんなことがあってはなりません」(マタイ一六章二二節)。彼の言葉は十二弟子の思いと気持ちを代表していました。

彼らがそのように過ごす間にも、危機は近づいていました。彼らは、やがてイエスがユダヤの王座に着かれたときに、自分がどれくらい高い地位に就くにふさわしい者であるかを自慢し合い、議論に明け暮れ、キリストが向かおうとしておられた十字架のことなど、夢にも想像しませんでした。

そんな弟子たち全員にとって、イエスに対するペトロの裏切りの経験は、きつい教訓となりました。自分の力を信じたうぬぼれは、試練によって打ち砕かれました。キリストは、捨てずに持ち続けた悪が招く確かな結果を防ぐことはおできになりません。しかし、かつてペトロが波に飲み込まれかかったときに、キリストの御手が差し伸べられたように、試練の高い波がペトロの心を飲み込もうとしたときにも、彼を救うためにキリストの愛の御手は差し伸べられました。何度も何度も、まさに滅びの瀬戸際にあってなお、ペトロのうぬぼれの言葉は、彼を一歩また一歩と崖っぷちに近づけるのでした。警告は何度も何度も与えられました。「あなたは……三度わたしを知らないと言うだろう」（ルカ二二章三四節）。しかし、この愛情深い弟子の心は深く悲しんで答えます。「主よ、御一緒になら、牢に入っても死んでもよいと覚悟しております」（同三三節）。そこで、心をお読みになるお方はペトロに、その時はほとんど価値を認められなかった言葉を、しかし、すぐにやって来る暗闇のなかで希望の光を放つであろう言葉をお与えになったのです。「シモン、シモン、サタンはあなたがたを、小麦のようにふるいにかけることを願って聞き入れられた。しかし、わたしはあなたのために、信仰が無くならないように祈った。

だから、あなたは立ち直ったら、兄弟たちを力づけてやりなさい」(同三一、三二節)。

ペトロが裁きの場〔大祭司の屋敷の庭〕で主を否認したときも、救い主のあわれみと愛と悲しみのまなざしによって彼が愛と忠誠心に目覚め、キリストが涙のうちに祈られたゲツセマネの園へ向かったときも、そして彼が後悔の涙を地面に落としたときも、救い主のみことばは、ペトロのたましいの錨となって彼を支えたのです。キリストは彼の犯す罪を見通しておられながら、彼を絶望のなかに捨て置かれませんでした。

もしペトロをご覧になったキリストのまなざしが、あわれみでなく彼を糾弾するものであったなら、彼を包んだ暗闇は、どれほど深いものになっていたことでしょう。そして彼の心《たましい》を責める絶望は、どれほど無慈悲なものになったことでしょう。苦悩と自己嫌悪にさいなまれたその時、ユダがたどった道からペトロを引き戻したものは、何だったのでしょうか。

ご自分の弟子の苦悩を容赦できないお方は、彼を苦しみのなかに放っておかれませんでした。キリストの愛は、見過ごすことも、見放すこともない愛なのです。

人間は、自分自身が悪に身売りされた存在であるにもかかわらず、人の心の苦しみや痛みを理解できず、知ろうとしません。彼らは、愛するがゆえの譴責、癒やすために傷つける精神的打撃、希望を告げる警告といったものを学ぶ必要があります。

裁きの場でイエスを見ていたのも、キリストの十字架のすぐそばに立っていたのも、十二弟子のなかで最初にキリストの墓に入ったのも、ヨハネでした。しかし、キリストがよみがえられたのち、次のみことばのなかで名前をあげられているのは、ヨハネではなく、ペトロなのです。「さあ、行って、弟子たちとペトロに告げなさい。『あの方は、あなたがたより先にガリラヤへ行かれる。かねて言われたとおり、そこでお目にかかれる』と」（マルコ一六章七節）。

キリストが最後にガリラヤ湖畔で弟子たちに会われたとき、「わたしを愛しているか」という三度の質問によって試されたペトロは、このことによって十二弟子のなかに彼の居場所を回復したのでした。主の群れの羊を飼うことが、彼に与えられた働きでした。最後の個人的な命令として、イエスは彼に、「わたしに従いなさい」（ヨハネ二一章一九、二二節）と言われました。今や彼は、このみことばを感謝して受け入れることができました。自分の弱さとキリストの力の両方をより完全に知ることで、彼は信頼して従う準備ができ、キリストの力によって、主に従うことができたのでした。

宣教の働きの終わりに、かつて十字架の意味をまったく理解できなかったこの弟子は、福音のために自分の命を捨てることを喜びと見なすまでになり、主と同じ死に方をすることを身に余る栄誉と感じるようにさえなりました。

ペトロの変化は、天のいつくしみによる奇跡でした。それは、最高の教師の足跡に従いたいと願うすべての者にとって生涯の教訓となるのです。

愛の教え

イエスは折に触れて、警告や忠告を弟子たちに与え、時には彼らを厳しくお叱りになることもありました。それにもかかわらず、ヨハネも、ペトロも、そして他の弟子たちも、キリストから離れませんでした。どんなに叱られても、彼らはイエスのみそばにいることを選んだのです。そして救い主もまた、彼らのあやまちのために彼らを見捨てることはありませんでした。もし人々がイエスの訓練と教えを受け入れるなら、イエスは、弟子たちと同じように、欠点と弱さを持ったまま彼らをお召しになり、ご自分働きのために訓練されるのです。

しかし、十二弟子の一人でありながら、キリストから、その宣教の働きがほとんど終わろうとする頃まで、直接叱責されたことのない弟子がいました。

ユダは、弟子たちのなかにあって、キリストに反目する空気を作っていました。イエスに接するようになって以来、彼はイエスのご品性と生き方に引かれていました。自分を変えたいという彼の願いに偽りはありませんでした。彼は自分を変えるためにイエスと生活を共にしたのでした。しかし、この願いも、彼の心のすべてを支配するにはいたりませんでした。彼は、いつかキリストが地上に王国を建設されるのを期待し、そうなれば、自分はどんな利益を手に入れられるのだろうかという利己的な思いに支配されました。キリストの天来の愛の力を認めながらも、ユダは自分の判断、自分の意見、そして人を批判し、非難する生来の傾向を愛し、心に抱き続けたのです。彼には、キリストの行動や動機がまったく理解できず、彼のなかに疑いと不満が湧き上がりました。彼のそうした不満や野心が、徐々に弟子たちのなかに入り込んでいったのです。だれが一番偉いかという言い争いや、キリストのやり方に対する不満の多くは、ユダから始まったものでした。

イエスは、ユダに対抗すれば彼をかたくなにするだけであることを知っておられたので、あからさまな衝突を回避されました。キリストは、ご自身の自己犠牲の愛をもってユダに接することによって、彼の偏狭で自分本位な心を癒やそうと力を尽くされました。キリストは教えを通して、この弟子の自己中心的な野心の根をあらわにする原則をお示しになりました。こうして教えに次ぐ教えが与えられ、ユダはその教えのなかに何度となく、自分の品性が描き出され、彼の罪が示されたのがわかりました。それでもなお、彼は主の愛の譴責に屈服しようとはしなかったのです。

恵みの嘆願に抵抗し続けたために、悪の衝動がとどめの揺さぶりをかけたのでした。キリストの教えのなかに暗示された譴責に怒り、野心的な夢が破れて自暴自棄になり、ユダは、心《たましい》を貪欲という悪魔そして過越《すぎこし》の食事の部屋から、こうして彼は、キリストの御前にいる喜びのなかから、たくらみを実行するために出て行ったのでした。

「イエスは最初から、信じない者たちがだれであるか、また、御自分を裏切る者がだれであるかを知っておられたのである」（ヨハネ六章六四節）。しかし、すべてを知りながら、主は恵みのゆえに彼の心の戸をたたき続け、愛を与え続けられたのでした。

ユダがこのような危険のなかにあるのをごらんになって、イエスは彼をご自分のそば近くに置き、ご自分が信頼する選ばれた弟子の輪のなかにお入れになりました。来る日も来る日も、重荷が心に最も重くのしかかるときに、キリストは、そのようなかたくなで、疑い深く、腹に何事かをたくらんでいる人間と、朝から晩まで顔をつき合わせて過ごす苦痛を忍ばれたのでした。キリストは、弟子たちのなかに絶えずくすぶる、隠れた、油断ならない対抗心を見過ごさず、これを打ち消すために力を尽くされました。このようなすべての努力以外に、この滅びの危機に瀕したたましいを救いうる影響力はあるでしょうか！

ユダに関する限り、キリストの愛の働きは効果がありませんでした。しかし、他の弟子たちにとって、それは、彼らが誘惑のなかにあってさまよう人々を扱うときに、愛と忍耐の模範となったのです。そしてそこには、他の教訓も含まれていました。十二弟子の任命にあたって、弟子たちは、ユダをその一人に加えてほしいと強く願いました。ユダは彼らよりも世の中をよく知っており、物事を見る目があり、行政能力に長《た》けていたからです。彼はまた、自分の有能さを高く評価しており、弟子たちにも、彼に一目置くように仕向けていました。しかし、彼がキリストの働きに持ち込もうとしていた方法は、世の中の称賛と栄誉を得ようとする原則に基づいていました。人生をかけたユダの願望の結果は、自己権力の拡大の原則と、謙遜と自己犠牲のキリストの原則とが相容れないことを弟子たちが理解する助けとなったのです。弟子たちはユダの破滅に、自己の利益を追求する生き方の終着駅がどんなものであるかを見たのでした。

これらの弟子たちのために、キリストの使命はついにその目的を達成しました。少しずつ、キリストの自己否定の模範と教えは、彼らの品性を形づくりました。キリストの死は、彼らの地上での高い地位という望みを打ち砕いたのでした。ペトロのつまずき、ユダの背信、そして、危難と苦悶のなかにあるキリストを見捨てたという弟子たち全員のあやまちは、彼らのうぬぼれを吹き払いました。彼らが自分自身の弱さを知り、彼らに託された働きの大きさの幾分かを理解したとき、日々の歩みのすべてで主の導きの必要を感じたのでした。

キリストの教えの多くは、彼らがそれを聞いたときには受け入れられず、理解もされませんでした。しかし彼らは今、それらの教えを思い起こしたい、もう一度主のみことばを聞きたいと、心の底から願いました。そして、表現しがたいほどの喜びと共に、主の約束が今、思い出されたのです。「しかし、弁護者、すなわち、父がわたしの名によってお遣わしになる聖霊が、あなたがたにすべてのことを教え、わたしが話したことをことごとく思い起こさせてくださる」（ヨハネ一四章二六節）。

弟子たちは、オリーブ山から天に昇って行かれるキリストを見ました。そして、天がキリストを受け入れて見えなくなったとき、キリストの別れのことばが思い出されるのでした。「見よ、わたしは世の終りまで、いつもあなたがたと共にいるのである」（マタイ二八章二〇節／口語訳）。彼らは、キリストの心がなお、彼らと共にあることを知りました。彼らは、神の御座のかたわらに、彼らの代表者であり、弁護者であるお方がおられるのを知ったのです。彼らは、イエスの御名によって願いをささげ、「あなたがたがわたしの名によって何かを父に願うならば、父はお与えになる」（ヨハネ一六章二三節）との主の約束を繰り返しました。

約束に忠実な天におられるお方は、天の法廷で高く上げられ、地上の弟子たちに、豊かな祝福をお与えになりました。弟子たちに降った聖霊は、キリストが神の右に着座されたことのしるしでした。キリストの働きによって、弟子たちは聖霊の必要を感じるように導かれていました。そして聖霊の教えのもと、彼らは最後の準備をし、宣教というライフワークを始めたのです。

彼らはもはや無知な者でも、無学な者でもありませんでした。もはや、我の強い、自分勝手な者の集まりでも、すぐにけんかをする、争いの絶えない集団でもありませんでした。もはや、地上で高い地位に就くことが、彼らの望みではありませんでした。彼らは一つの心、一つの思いとなって「一致」していました。キリストが彼らの思想を満たしていました。キリストの王国を広げることが彼らの目標でした。彼らの心と品性は、すでにキリストに似たものとなっており、人々は「彼らがイエスと共にいた者であることを認め（た）」（使徒行伝四章一三節／口語訳）のでした。

こうして、それまで人がだれも目にしたことがないほどにキリストの栄光が現されました。聖霊の助けによって、キリストがお選びになった身分の低い普通の人間の働きが、世界を揺り動かしたのです。わずか一世代のうちに、福音は天の下のすべての国々に伝えられました。

昔の弟子たちを教えた同じ聖霊のご臨在が、今日の教育の働きにおいても同じ結果を生み出すでしょう。これこそが、真の教育の目指すゴールであり、これこそが、神ご自身が設計し、完成される働きなのです。

第10章

自然界におられる神

すべての造られたものには、創造主の印が押されています。自然界は確かに神を物語っています。感じやすい心は、宇宙の奇跡と神秘に引きつけられ、そこに働く無限の力を認めないではいられないことでしょう。地球が豊かな実りを生み、来る年も来る年も太陽の周りを回り続けるのは、地球に内在する力によるのではありません。見えない手が惑星たちをその天の周回路に導いているのです。

自然界を支える同じ力が、人類のなかにも働いています。星や原子を導く同じ偉大な法則が、人の生命を支配しているのです。心臓は体内をめぐる命の流れである血流を制御していますが、その心臓の動きを支配する法則は、人の心《たましい》を裁く権威をお持ちになる強大な知性（神）の法則なのです。すべての生命はこのお方に由来します。このお方との調和のなかでのみ、生命は真に生かされるのです。身体的にも、知的にも、道徳的にも、神の法則に違反するとき、人は自らを宇宙の調和の外に置くことになり、その結果、不和や無秩序、そして破滅が生じるのです。

このように、神の法則から学び、その教えを生かす者には、自然界はすべて輝きを放ち、世界が教科書となり、人生が学校となります。人類と自然界との調和、人類と神との調和、全宇宙におよぶ法則の支配、法則に違反した結果——こういったことは、間違いなく人の心に深く刻まれ、品性を形づくるに違いありません。

これは子どもたちにとっても学ぶべき教訓です。幼い子どもにとって、自然界は尽きることのない教えと喜びの泉です。そして、おとなにとっても、霊的なこと、永遠に関わることを沈黙のうちに思い起こさせてくれる自然の教えは、同じように喜びと教えの泉となるでしょう。見えるものによって、見えないものが示されているのです。自然界のあらゆるもののなかに、子どもたちは神の御姿と筆跡を見るでしょう。

できる限り、幼い頃から、子どもたちをこのすばらしい教科書が開かれているところに連れ出しなさい。子どもたちに、この偉大な最高の芸術家によって、天という移ろいやすいキャンバスに描かれた荘厳な情景を見せなさい。陸と海の不思議を探求させましょう。移り変わる季節の神秘を見つめさせなさい。そうすれば、彼らはそのすべての御業のなかに創造主を認めるでしょう。

真の基礎を置く

これほど堅く、これほど確かに、真の教育の基礎を築ける方法が他にあるでしょうか。子どもであっても、自然に触れるとき、創造主に敵対する力の働きを認めるでしょう。この点で自然界は解説者を必要とします。自然界にさえ明らかな悪の爪跡を見るとき、わたしたちはみな、この「敵の仕業」(マタイ一三章二八節)から悲しい教訓を学ぶのです。

キリストの十字架が立てられたカルバリーから輝き出る光を通してのみ、自然界の教えは正しく読み取ることができます。わたしたちは、ベツレヘムの誕生から十字架までのキリストの物語を通して、悪に打ち勝つことがどれほどすばらしいかということ、また、わたしたちに与えられる祝福の一つひとつが、どれもキリストによるあがないの賜物《たまもの》であることを知るのです。

イバラやサンザシ、アザミや毒麦のなかに、植物本来の美しさをそこない、傷物にした悪の力を見ます。それでも、歌いさえずる鳥たち、咲き誇る花々、森のコナラの大木から、その根元に咲く小さなスミレにいたるまで、数えきれないほどの自然の営みや生き物たちのなかに、自然界を回復させる愛の力を見るのです。自然界は今も、神の優しさを物語っています。

「わたしは、あなたたちのために立てた計画をよく心に留めている、と主は言われる。それは平和の計画であって、災いの計画ではない。将来と希望を与えるものである」（エレミヤ二九章一一節）。これこそが、十字架からの光で読み取ることのできる、自然界のすべてに記されたメッセージなのです。天はなおも神のご栄光を宣言し、地はその豊かさに溢《あふ》れています。

第11章

生命の教え

大教師であるイエスは、そのみことばを聴くために集まった人々を、自然との触れ合いのなかに導き入れられました。そうして人々は、すべての造られた物のなかに聞こえる声に耳を傾けるのでした。彼らの心がやわらかくなり、心の扉が開かれるなら、イエスは、彼らの目に留まった情景から霊的な教えを引き出し、それを彼らが理解できるように導かれました。キリストが真理の教訓を教えるために好んでお用いになったそうしたたとえは、キリストがどれほど自然の営みに心を開いておられたか、また、日々の暮らしを取り巻くそうした小さな事柄のなかから霊的な教えを集めることを、どれほど楽しんでおられたかを物語っています。

空の鳥、野のゆり、種をまく農夫と種、羊飼いと羊。こうしたものから、キリストは永遠の真理をお語りになりました。キリストはまた、パンを焼くための酵母、隠された宝、真珠、漁師の網、なくなった銀貨、放蕩息子《ほうとう》、岩の上や砂の上に建てられた家など、生活のなかのありふれた出来事や聴衆になじみのある経験からも教訓を引き出されました。彼の教えのなかには、だれもが興味を抱くもの、だれの心にも響くものがありました。こうして日々の仕事は、意味や理想を失った単なるつらい労働の繰り返しになる代わりに、そのなかにある霊的な意味や目に見えない教訓を絶えず思い出すことによって輝きを放ち、やりがいのあるものになったのです。

わたしたちは、キリストのように教えなければなりません。子どもたちが、自然のなかに表された神の愛と英知を見いだすように導きなさい。鳥や花や木に結びつけて神を考えるように導きなさい。目に見えるものはすべて、目に見えないものを物語っています。このように、生活のなかのすべての出来事は、天の教えの手段になるのです。

このようにして、子どもたちがすべての造られた物と生活のなかのすべての経験を通して教訓を学ぶとき、同じ法則がわたしたちの幸福のために与えられていること、そして、この法則に従うときにのみ、わたしたちは真の幸福と成功を見いだせるのだということを彼らに示しなさい。

奉仕の法則

天と地のすべての物は、生命の大法則である奉仕の法則のもとにあることを宣言しています。無限の父なる神が小さな生き物一つひとつのために奉仕しておられるのです。キリストは、「給仕する者」（ルカ二二章二七節）として地上においでになりました。「天使たちは皆、奉仕する霊であって、救いを受け継ぐことになっている人々に仕えるために、遣わされた」（ヘブライ一章一四節）のです。同じ奉仕の法則が自然界のすべての物の上に書かれています。空の鳥、野の獣、森の木々、葉、草、花、天の太陽、輝く星――それらはみな、それぞれ奉仕の役割を持っています。湖も海も、川も泉も、みな与えるために受けるのです。

自然界にあるすべてのものは、万物の生命に仕えるときに彼らの生命も保たれます。「与えなさい。そうすれば、あなたがたにも与えられる」（ルカ六章三八節）。この教訓は、神のみことばである聖書に記されているのと同じくらい確かに、自然界にも記されているのです。

丘の斜面や平野が水路を開き、谷川の流れを海へと導くとき、それらが与えたものは一〇〇倍になって帰ってきます。歌いながら行く流れは、美しい緑と実りの贈り物を残して行き、夏の熱さで褐色の肌がむきだしになった大地にも、緑の帯が川筋を示しています。堂々とした木々の一本一本が、つぼみの一つひとつが、花の一つひとつが、神の愛を世に伝える水路となるすべての者にとって証人なのです。

信仰をもって種をまく

植物の生長の過程からは、ほとんど数えきれないほど多くの教訓を学ぶことができますが、そのなかで、もっとも貴重な教えは、生長する種についての救い主のたとえです。この教訓からは、子どももおとなも学ぶことができます。

「神の国は次のようなものである。人が土に種を蒔《ま》いて、夜昼、寝起きしているうちに、種は芽を出して成長するが、どうしてそうなるのか、その人は知らない。土はひとりでに実を結ばせるのであり、まず茎、次に穂、そしてその穂には豊かな実ができる」（マルコ四章二六〜二八節）。

種のなかには、神ご自身が植えつけられた発芽の法則が働いています。しかし、種にはそのままで芽を出す力がありません。人間には、種子の生長を助けるという役目がありますが、それ以上のことは何もできません。人は、その万能の力で、種まきと収穫を驚くべき方法で結びつけることのできるお方に頼らなければなりません。

種には命があり、土には力があります。しかし種は、日夜働く無限の力によらなければ、実を結ぶことができません。雨が降って乾いた土地を潤し、太陽が温め、地中の種に目覚めのスイッチを入れなければなりません。創造主が植えつけられた命は、神しか呼び覚ますことができません。一つひとつの種の生長、一つひとつの植物の発育は、神の力によるのです。

種をまく者には信仰が求められます。彼らは種の発芽や生長の神秘を理解することはできませんが、植物を生長から繁茂へといたらせる神の働きかけに信頼しています。彼らは種をまき、何倍もの豊かな実りの収穫を期待します。そのように、親や教師は、収穫を期待しつつ種をまくのです。

心にまかれた種は、良い種であってもしばらくは人目につかず、根を張っている確証もなく、眠っているように見えるかもしれません。しかし、神の御霊が心《たましい》に息を吹き込むと、土のなかに隠れていた種は芽を出し、ついには実を結ぶのです。教育というわたしたちのライフワークにおいては、どの種が豊かに実るのか、これかあれか、わかりません。それは、わたしたちが決めるべきことではありません。神の大いなる契約は次のように宣言しています。「地の続くかぎり、種蒔きも刈り入れも……やむことはない」（創世記八章二二節）。この約束に信頼して、農夫は土を耕し、種をまくのです。霊的な種まきにおいては、なおのこと、わたしたちは神の約束を堅く信頼しなければなりません。「そのように、わたしの口から出るわたしの言葉も／むなしくは、わたしのもとに戻らない。それはわたしの望むことを成し遂げ／わたしが与えた使命を必ず果たす」（イザヤ五五章一一節）。

種の発芽は霊的な命の始まりを表し、植物の発育は品性の発達の様子に似ています。生長しない命はありえません。植物は生長するか死ぬか、どちらかです。その生長が、静かに気づかれないほどわずかであっても絶えず続くように、品性の成長も、わずかであっても絶えず続きます。人の成長においては、成長段階ごとに完全かもしれませんが、わたしたちのなかに神の目的が実現するとき、そこには絶えまない成長があるのです。

植物は、その命を支えるために神が与えておられるさまざまなものを受けて生長します。同じように、霊的な成長も天の働きとの協力によって得られるのです。植物が地中に根を張るように、わたしたちはキリストに根を下ろさなければなりません。植物が日光や露や雨を受けるように、わたしたちは聖霊を受けなければなりません。もしわたしたちの心がキリストにささげられているなら、キリストは義の太陽としてわたしたちの上に昇られます。その「翼にはいやす力」（マラキ三章二〇節）があります。わたしたちは、「ゆりのように花咲（く）」（ホセア一四章六節）でしょう。

わたしたちの模範であるイエス

植物が種から次第に生長してゆく様子は、子どもたちを育てるうえで良い教訓となります。植物は、「まず茎、次に穂、そしてその穂には豊かな実ができ」（マルコ四章二八節）ます。このたとえを語られたキリストは、小さな種を創造し、生命の維持に必要な特性を与え、そして生長を支配する法則をお与えになったお方です。そして、このたとえによって教えられた真理は、キリストご自身の生涯のなかで実現しました。キリストは、天の君主、栄光の王であられたのに、乳飲み子としてベツレヘムに生まれ、ひと時、母親の世話が必要な無力な幼児として過ごされました。彼は、幼年時代には子どもとして話し、子どもとして行動なさいました。イエスは両親を敬い、彼らが願うような、よく手伝いをする子どもでした。しかし、彼のなかで知性が目覚めると、天来の恵みと真理の知識のうちに、絶えず成長されたのです。

親や教師は、まず子どものなかにある生来の傾向という土を耕すように努めるべきです。そうすれば、庭の植物が自然と花開くように、発達段階ごとに、その時期にふさわしい美しさを表すでしょう。

子どもたちは、子どもらしい単純さのなかで教育されるべきです。子どもたちは、人の役に立つ小さな仕事や、その年齢にふさわしい楽しみや経験に満足できるように訓練されるべきです。幼年時代は、キリストのたとえのなかの芽に相当する時期ですが、芽には芽特有の美しさがあります。子どもたちに、早咲きや早熟を強いるべきではありません。できる限り長く、この年代の持つ、はつらつとした心や愛らしさを彼らが失わないようにするべきです。彼らの生活が静かで単純なものであればあるほど、言い換えれば、人工的な刺激が少なければ少ないほど、そして自然界と調和したものが多ければ多いほど、そのような生活は子どもたちの身体的、知的な活力と、精神的（霊的）な耐久力を養ううえで、より好ましい環境となるでしょう。

救い主が五〇〇〇人に食物をお与えになった奇跡のなかに、収穫を生み出す神の力が表されています。土のなかにまかれた種が何十倍、何百倍にも増えるのは、聴衆のためにパンを増やされたお方による日々の奇跡なのです。地上の田畑が生み出す収穫で何百万もの人間が絶えず養われているという事実も、またこのお方による奇跡です。このお方と協力することによって、人間は穀類を育て、糧を得ているにもかかわらず、かえってこの協力関係のために、自然界に働く天の力を見失ってしまいます。絶えず働くこのお方の力を、自然のなりゆきか、あるいは人間の技術による成果と考えるのです。あまりにもしばしば、キリストの賜物《たまもの》は利己的な目的のために悪用され、祝福となるどころか、のろいとなっています。神はこのようなことをすべて変えようとしておられるのです。神は、わたしたちの鈍くなった感覚が呼び覚まされ、神の情け深い優しさを正しく見分けることができるように、また神の賜物が本来のご計画通りにわたしたちの祝福となるように願っておられます。

種に命を与えるのは神のみことばです。そしてわたしたちは、穀類を食べることによってその命をいただき、その命を分かち合う者となるのです。神は、わたしたちが日々の糧をいただくことのなかにさえ、神の働きを認め、神を身近に感じることを望んでおられます。

自然界にある神の法則によって、不変の確実性で原因には結果が伴います。人はまいたものを刈り取るのです。ごまかしは決して許されません。死ぬべき存在である人は他の人をだまして、自分が得る資格のないことで栄誉や報酬を手にすることがあります。しかし、自然界をあざむくことはできません。不忠実な農夫に対しては、収穫がその働きに有罪の判決を下します。

最も厳粛《げんしゅく》な意味で、それは霊的な事柄においても真実です。悪は、本当はそうでないのに、表面では成功しているように見えます。どんな仕事や職業においても、極めて重い責任に対して真実でない人々は、いい気になり、その不正が隠されている間は利益を手にするかもしれません。しかし、それは違います。彼らは自分自身をあざむいているのです。人生の収穫物は品性です。そして品性は、この世（地上）でも、来るべき世（天国）でも、その人の運命を決めるのです。

収穫とは、まかれた種が再生産されることです。どの種もその種類に従って実を結びます。そのことは、わたしたちが心に抱いている品性の特性についても言えます。自己中心、自己愛、うぬぼれ、放縦《わがまま》は、再生産され、その行き着くところは悲惨と破滅です。「自分の肉に蒔く者は、肉から滅びを刈り取り、霊に蒔く者は、霊から永遠の命を刈り取ります」（ガラテヤ六章八節）。愛、思いやり、そして親切は、滅びることない祝福の実りを結ぶのです。

収穫の時には、種は何十倍、何百倍にも増えます。一粒の麦は繰り返しまかれることによってそのように増え、やがて、金色の穂がその土地全体を覆うのです。一人の生涯、一つの行為も、それと同じように世界に広がっていきます。

キリストに油を注ぐために割られたあの雪花石膏《せっかせっこう》の壺の思い出は、いくつもの世紀を超えて、どれほど長く、どれほど多くの人を、愛の行為へと駆り立てたことでしょう。名もない貧しいやもめによってささげられたあの「レプトン銅貨二枚」は、どれほど多くの、もはや数えきれないほど多くの贈り物を救い主の目的のためにささげさせたことでしょう。

死を通しての生命

種まきの教訓は、惜しみなく与えることを教えています。「惜しんでわずかしか種を蒔かない者は、刈り入れもわずかで、惜しまず豊かに蒔く人は、刈り入れも豊かなのです」（Ⅱコリント九章六節）。

主は言われます。「すべての水のほとりに種を蒔（く）……あなたたちは／なんと幸いなことか」（イザヤ三二章二〇節）。すべての水のほとりに種をまくとは、助けを必要とするところには、どこにでも行って助けることを意味します。そのために貧しくなるというようなことはありません。種をまく者は、まき散らしてそれを増やすのです。そのように、分け与えることによって、わたしたちの祝福も増えます。神は満ち足りるようになると約束しておられるのですから、わたしたちは与え続けるのです。

土のなかにまかれた種は、わたしたちのために払われた救い主の犠牲を表しています。キリストは言われます。「一粒の麦は、地に落ちて死ななければ、一粒のままである。だが、死ねば、多くの実を結ぶ」（ヨハネ一二章二四節）。天来の種であるキリストの犠牲を通してのみ、神の御国の実は結ばれるのです。

そのように、キリストと共に働くすべての者には、豊かな実りが約束されています。自己愛、私利私欲は必ず滅びます。キリストにある命が、世界の必要という畑の畝間《うねま》にまかれなければなりません。しかし、自己犠牲の法則は、自己保存の法則です。農夫は彼の麦の種を手放すことによって保存するのです。このように、保存される命とは、神と人類への奉仕のために惜しまず与えられる命なのです。

真理の種のために心を備える

親や教師がこのような教訓を教える際は、実地に外に出て教える必要があります。子どもたちが自分で土を耕し、種をまく準備をするべきです。畑仕事をする子どもたちに、心の畑について、そして、そこにまかれる良い種と悪い種について話して聞かせることができるでしょう。種をまく前には、畑を準備しなければならないように、真理の種をまくためには、心を備えなければならないことを説明することができます。土のなかにまかれる種から、キリストの死の教訓を教えることができ、また、土をもたげる双葉の芽生えから、復活の真理を教えることができます。さらに、作物が生長する様子からは、自然の種まきと霊的な種まきを比較して学び続けることができるでしょう。

青年たちも同じように教えを受けるべきです。土を耕すことからは、絶えずさまざまな教訓を学ぶことができます。じっと腕組みをしたまま、何も手を加えずに更地《さらち》からすぐに収穫を期待する者はいません。土を準備し、種をまき、作物を栽培するために、勤勉で根気強い労働が必要であるとすれば、霊的な種まきにおいても同様です。心の畑は耕されなければなりません。心の土は悔い改めによって砕かれなければなりません。良い作物の生長を行き詰まらせる悪の雑草は、根から引き抜かなければなりません。一度、イバラに覆われた土地は、勤勉な働きによってしか再生できないように、心の悪の傾向に勝利するには、キリストの御名とキリストの御力によって熱心に努力するしかないのです。

土を耕すうちに、思慮深い農夫は、思いがけない宝が土のなかに顔を出しているのに気がつきます。農業や園芸に携わる者が、自然を支配する法則に注意を払わずに成功することはありません。さまざまな植物には、個々に特有の育て方が必要であることを学ばなければなりません。種類が異なれば、適した土の性質も栽培の方法も異なります。それぞれの植物を支配する法則の要求を満たすことが成功の条件なのです。

植物の移植には、細かなひげ根でさえ、密集していないか、均等に分散されているかといった細心の注意が求められます。若い植物の手入れでも、剪定《せんてい》や水やり、除草や害虫の駆除などが必要です。これらの作業を通して品性の開発についての重要な教訓を学ぶことができますが、こうした作業そのものが品性を開発する方法でもあるのです。注意深さ、根気強さ、細かな気配りを養うこと、順法精神は、品性の開発に欠かせない訓練です。生命の神秘と自然界の美しさに絶えず触れることは、神の美しい被造物に仕えることで養われる優しさと同じように、心を元気づけ、品性を洗練し、引き上げるのに有益です。これらの教訓を学ぶことによって、働き人は、人の心を扱う者としてより良い準備ができるのです。

第12章
他の実物教訓

神の癒やしの力は、自然界のあらゆるもののなかに働いています。木が切られると、あるいは、人がけがをしたり、骨折したりすれば、すぐに自然の治癒力が傷を治し始めます。傷を治す必要が生じる前でさえ、癒やしの働きはすでに存在し、出番を待っています。そして、傷を負うやいなや、あらゆる力が回復の働きのために総動員されるのです。

それは精神（霊的）世界においても同じです。罪のために癒やしの必要が生じる前に、神は救済策を用意しておられました。誘惑に屈する心《たましい》はみな、敵（サタン）によって傷つけられます。しかし、罪のあるところにはどこでも、救い主がおられるのです。キリストの働きは、「打ち砕かれた心を包み……捕らわれている人に解放を……告げ、圧迫されている人を自由に（する）」（イザヤ六一章一節、ルカ四章一八節）ことです。

わたしたちはこの働きに協力するのです。「万一だれかが不注意にも何かの罪に陥ったなら……そういう人を柔和な心で正しい道に立ち帰らせなさい」（ガラテヤ六章一節）。ここで「正しい道に立ち帰らせ（る）」と訳されている原語は、外れた骨を関節の正しい位置に戻すことを意味します。なんとふさわしい描写でしょう。あやまちや罪に陥る人々は、彼らを取り巻くすべての関係から投げ出されます。彼らはあやまちを認め、自責の念に満たされるかもしれません。しかし、自分で自分をあるべき場所に戻すことはできないのです。彼らは混乱し、途方に暮れます。彼らは更生され、癒やされ、回復されなければなりません。「〝霊〟に導かれて生きているあなたがたは、そういう人を柔和な心で正しい道に立ち帰らせなさい」（ガラテヤ六章一節）。癒やすことができるのは、キリストの心から流れ出る愛だけです。木に流れる樹液や体に流れる血液のように、そのような愛がうちに流れる人だけが、傷ついた心《たましい》を癒やせるのです。

天来のものである愛の働きには、すばらしい力があります。「憤りを鎮め（る）」柔らかな応答（箴言一五章一節）、「忍耐強（く、）……情け深い」愛（Ｉコリント一三章四節）、「多くの罪を覆う」愛（Ｉペトロ四章八節）――もしわたしたちがこのような教訓を学ぶなら、わたしたちの人生は癒やしの力を持つ賜物《たまもの》となるでしょう。人生は作り変えられ、地上は天国のようになり、天国を先取りするものとなるでしょう。

だれでも自然界の教えを理解できる

このような貴重な教訓は、単純なことばで教えるなら、幼い子どもたちにも理解できるでしょう。子どもたちは柔らかく、感動しやすい心を持っています。わたしたちおとなも、「子供のように」（マタイ一八章三節）なり、救い主の純真さと礼儀正しさ、そして優しい愛を学ぶなら、子どもたちの心に触れ、愛による心の癒やしの奉仕について彼らに教えることは、難しくないとわかるでしょう。

完全さは、神の最も大いなる御業のなかにあるように、最も小さなことのなかにも存在します。星々を宇宙にお掛けになる同じ御手が、野の花たちをお造りになるのです。道端に咲く最も小さな、最もありふれた花を顕微鏡で調べてごらんなさい。その器官一つひとつに美の極み、完全さを認めることができます。最もありふれた仕事にも愛を込めて忠実にその責任を果たすなら、神の目には美しいのです。小さな事に誠実に、心を尽くして働くとき、わたしたちは神と共に働く者となり、神からおほめの言葉をいただくことができるでしょう。

雲間にかかる虹は、太陽の光と雨の結合から生まれるように、天の神の御座にかかる虹は、神のあわれみと正義の結合を表しています。罪深い者であっても、悔い改めた心《たましい》に神は言われます。生きなさい、

「代償を見つけて来……た」(ヨブ記三三章二四節) から、と。「山が移り、丘が揺らぐこともあろう。しかし、わたしの慈しみはあなたから移らず/わたしの結ぶ平和の契約が揺らぐことはないと/あなたを憐れむ主は言われる」(イザヤ五四章一〇節)。

星と自然からのメッセージ

星たちもまた、人間一人ひとりに励ましのメッセージを語っています。目の前の障害が乗り越えられないと思えるとき、人生の目標が達成不可能に見えるとき、神はわたしたちに、何ものにも乱されることなく宇宙の軌道をたどる星たちから、勇気と不動の姿を学ぶよう勧めておられます。「目を高く上げ、誰が天の万象を創造したかを見よ。それらを数えて、引き出された方/それぞれの名を呼ばれる方の/力の強さ、激しい勢いから逃れうるものはない」(イザヤ四〇章二六節)。

焼けるような陽射しと荒れ狂う砂嵐に打たれて、ヤシの木は砂漠のただなかにあって青々と緑の葉を茂らせ、豊かに実を結びます。その根は生命を与える泉に潤されています。死を覚悟した旅人は、住む人もいない乾ききった荒れ野から、遠くにその緑の冠を見つけます。彼は涼しい木陰と生命の水を求めて、疲れた足に鞭《むち》を入れ、歩みを進めます。砂漠に立つ木は、神がその子どもたちに望まれる生き方の象徴です。彼らは、罪の砂漠で弱り果て、滅びようとしている心《たましい》を命の水に導くのです。彼らは、失われている人々に、次のように招いておられるキリストを指し示すのです。「渇いている人はだれでも、わたしのところに来て飲みなさい」（ヨハネ七章三七節）。

広く深い河は、国々の貿易のための交通路として人に奉仕し、広く世界の利益に貢献しています。しかし、このような大河を形づくる小さな流れたちは、どれほど顧みられているでしょうか。それらなしには、大河も枯れてしまうのです。まさしく大河の存在そのものが、こうした小さな流れに依存しているのです。大きな仕事を導くように召される人々は、その成功が、彼らだけの功績であるかのように称えられます。しかし、その成功は、世間のだれも知らない人々、そうした無数のつつましい労働者たちの忠実な協働があってこそ、成し遂げられたものなのです。多くの世の中の労働者たちの働きのほとんどは、認められることもありません。その多くの心には不満が募り、人生を無駄に費やしたと感じています。しかし、森や野原を抜けて音もなく静かに流れる小さな流れは、広い河の流れと同じように役立っているのです。小さな流れは大河に命を与えることによって、大きな河だけでは決して成し遂げることのできないことを支えているのです。

これは多くの人々にとって必要な教訓です。才能があまりにもてはやされ、人々はむやみに地位を求めています。多くの人が指導者と認められなければ、何もしようとしません。あまりに多くの人々が称賛されなければ、仕事に興味を持ちません。与えられた能力や機会を最大限に用いること、そして、天がわたしたちに定めた運命に満足することを学ぶ必要があります。

信頼を学ぶ

「獣に尋ねるがよい、教えてくれるだろう。空の鳥もあなたに告げるだろう。……海の魚もあなたに語るだろう」（ヨブ記一二章七、八節）。「蟻《あり》のところに行って見よ。その道を見て、知恵を得よ」（箴言六章六節）。

神が造られた生き物について子どもたちに教えるだけでなく、動物たちが彼らの教師となって、子どもたちが動物たちから直接学ぶように導きなさい。蟻たちからは、辛抱強い勤勉さ、彼らを取り巻く障害に負けない意志、将来を見通す知恵を学ぶことができます。鳥たちからは、信頼を学ぶことができます。天の父なる神は、彼らに必要な物をお備えになりますが、彼らは食料を集め、巣を作り、雛《ひな》を育てなければなりません。つねに外敵が彼らを狙っていますが、それでも鳥たちは、明るく元気に仕事に出て行くのです。そのかわいらしい歌声は、喜びに溢《あふ》れています。

神は泉を湧き上がらせて川とし、山々の間を流れるようにされます。すると、「水のほとりに空の鳥は住み着き／草木の中から声をあげ（ます）」（詩編一〇四編一二節）。森や丘のすべての生き物たちは、みな神の大きな家族の一員です。神は、「すべて命あるものに向かって御手を開き／望みを満足させてくださいます」（同一四五編一六節）。

アルプスの鷲《わし》は、時には暴風雨に打たれ、峡谷深くたたき落とされます。この森の王者も、嵐を巻き起こす雲に閉じ込められ、その厚く暗い雲のかたまりに遮られ、彼らの巣のある光溢れる山の頂も見えません。嵐から逃れようとする彼女の努力もむなしく思えます。力の限り、彼女はその強い翼で羽ばたき、あちらこちらに突進します。谷にこだまするその叫びは山々を目覚めさせます。ついに、勝利のひと鳴きと共に、彼女は雲を刺し貫いて、上へ、ひたすら上へ、矢のように昇ります。眼下に黒雲と嵐を見おろして、彼女はふたたび透きとおる光のなかに出るのです。

このように、わたしたちも、困難、失望、暗闇に囲まれるでしょう。偽り、不幸、不正に行く手をふさがれるかもしれません。吹き払うことのできない雲が立ち込めます。取り巻く雲と闘っても無駄に思えます。しかし、ただ一つ、そこから逃れる道があるのです。雲のかなたには神の光が輝いています。神のご臨在という光のなかへ、わたしたちは信仰の翼で昇るのです。

自然界からはたくさんの教訓を学ぶことができます。たとえば、樹木は独立独歩の精神を教えています。地中深く根をおろし、ひとり山麓《さんろく》や平原に生き抜いてきた大樹。そのたくましい力は、嵐をものともしません。ぶかっこうにねじ曲がった幹からは、若い時期の影響力の大きさについて教えられます。人も若木の時代に悪い影響を受けると、その後、失われた均整のとれた美しさを地上の力で回復することができません。スイレンからは清らかな生き方の秘訣を学ぶことができます。泥だらけの水面《みなも》で水草やごみに囲まれながらも、スイレンは泥の下のきれいな砂のなかに水路となる茎を突き刺します。そして、そこから生命《いのち》を吸い上げ、その無垢《むく》な清らかさの香るかぐわしい花を咲かせるのです。

このように、子どもや青年たちは、教師や教科書からさまざまな知識を得るだけでなく、彼ら自身で自然界から教訓を引き出し、そのなかに真理を見極めることを学ぶ必要があります。彼らが畑仕事をしているときには、作物の世話を通して何を学ぶことができるか尋ねてみるとよいでしょう。彼らが美しい景色を見ているときには、なぜ神は野原や森をこんなにもあざやかに、さまざまな色彩で装われたのか尋ねてみましょう。なぜすべてが地味な茶色ではないのでしょうか。彼らが花を摘んでいるときには、なぜ神はエデンからさまよい出たこれらの花の美しさを、わたしたちのために残されたのか考えさせましょう。神がどれほどわたしたちに思いを寄せておられるか、自然界に表されたその証拠の数々に目を留めるよう彼らに教えましょう。自然界のすべては、驚くほどにわたしたちの必要と幸福に適合しているのです。

聖書の著者たちは、自然からたくさんのたとえや教訓を引き出して書き留めています。ですから、聖霊の助けによってわたしたちが注意深く自然界を観察するとき、わたしたちはより完全に神のみことばを理解できるようになります。このように、自然はみことばの宝庫を開く鍵となるのです。

自然のなかに聖書の教えをわかりやすく教える実物教訓がないか、また、聖書のなかに自然界から引き出された教訓がないか探してみるよう、子どもたちに勧めなさい。子どもたちはこのようにして、樹木やぶどうの木のなかに、ユリやバラのなかに、太陽や星のなかに神を見いだすことを学び、そして鳥たちの歌声のなかに、木々のため息のなかに、雷のとどろきのなかに、海が紡《つむ》ぐ音楽のなかに、神の御声を聴くことを学ぶでしょう。自然界にあるものすべては、こうして神の貴い教えを繰り返し語るでしょう。

このようにしてキリストを知ろうとする者にとって、地上は二度と寂しく荒涼とした場所になることはありません。そこは、かつて地上を歩まれたお方のご臨在を感じることのできる父なる神の家となるのです。

第13章
知的および霊的教養

知力《こころ》と精神力《たましい》は、体力《からだ》と同じように、使うことによってその力を増すというのが神の法則です。神は、この法則に調和する知的、霊的な開発のための手段を、みことばのなかにお与えになりました。

聖書のなかには、人類が、この世（地上）と、来《きた》るべき世（天国）の両方にふさわしい者となるために理解しなければならないすべての原則があります。そして、それらの原則は、万人に理解できるものです。聖書の教えは、それを感謝して受け入れる心さえあれば、わずか一節からでも、何か役に立つ考えを得ることができるはずです。しかし、たまに聖書を開いて、あちこちつまみ食いをするような学びでは、そこにある最高の価値を知ることはできないでしょう。せっかちで不注意な読者には、その深遠な真理の体系を見極めることができないでしょう。そこに眠る多くの宝は地中深くに隠れていて、熱心な学びと絶えまない努力によってのみ手に入れられるのです。

偉大な真理の全体を知るには、それを構成する小さな真理の一つひとつを「ここにも少し、そこにも少し」（イザヤ二八章一〇節／口語訳）探して集めなければなりません。そのようにして探し出され、集められた真理のかけらは、一つひとつが完全に一致します。一つひとつの福音書は他を補い、一つひとつの預言は他の預言を解き明かし、一つひとつの真理は他の真理を発展させます。神のみことばのなかにある一つひとつの原則には、役割があり、一つひとつの事実には、関係があるのです。そして、その構成物全体は、設計から製作にいたるまで、一貫して創造主を指し示しています。このような構成物を思いつき、造り出すことができるのは、ただ無限のお方の知性だけです。

さまざまな真理のかけらを探し出して、それぞれのつながりを研究することによって、人間の最高の知的能力が最大限に活動するのです。このような研究に従事する人は、必ず知力を発達させることができます。

聖書を学ぶ意味

聖書を学ぶことの知的な価値は、真理を探し出して組み合わせることだけにあるのではありません。真理が示す主題は何なのかを模索することにも知的価値があります。日常のありふれたことだけに捕らわれていると、心はしぼんで弱くなります。広大かつ遠大な真理を理解するという課題を与えられたことのない心は、成長する力を失います。このような退化に対する防壁、そして発達を促す刺激として、神のみことばに並ぶものは他にありません。知的な訓練の手段として、聖書は他のどんな本より優れており、その効果は他のすべての本をもってしてもおよびません。天の啓示という驚くべき真理を理解しようとする努力は、他のどんな学びにも増して知的な力を高めます。心は、こうして無限のお方の思想に触れるとき、広げられ、強くされるのです。

聖書は、人の霊性を高めることにおいて、さらにすばらしい力を持っています。人類は神と交わるために創造されたのですから、神との交わりのなかにのみ、真の意味での生命と発達を見いだすことができます。誠実に、謙虚な心で神のみことばを学び、そのなかにある真理を探し求める者は、その作者である神に出会うよう導かれます。そうして自分からあきらめない限り、そこには無限の成長の可能性があるのです。

バラエティーに富む聖書の文体や表現、そして聖書が扱う広範な主題は、どんな知性の興味をも引きつけ、どんな心にも触れる何かがあります。ページを繰れば、そこには歴史や伝記があり、国や家庭を治める原則――人間の知恵では決して生み出せない原則――があります。そこには、最も深遠な哲学もあれば、最も甘美な詩や最も壮大な詩もあります。このように考えただけでも、聖書は、どんな人間が生み出した著作よりもはるかに優れた価値を持っていますが、その崇高な中心思想との関連で見るとき、人間が生み出した著作よりもはるかに広い視野と、はるかに大きな価値を持っているのです。この思想の光に照らして見るとき、聖書の主題の一つひとつは新たな意味をもって見えます。最も単純に語られた真理のなかにさえ、天のように高い原則、永遠を指し示す原則が隠されているのです。

救済という主題

聖書のあらゆるテーマの中で、その中心的テーマは、救済の計画、すなわち人間の精神《たましい》のなかに神の御像《みかたち》を回復することです。エデンで宣言された希望の予告から、「神の僕たちは……御顔を仰ぎ見る。彼らの額には、神の名が記されている」（黙示録二二章三、四節）との黙示録の栄光に満ちた最後の約束にいたるまで、聖書のすべての書巻、すべての言葉の役目は、人類を引き上げるというこの驚くべき主題と、「わたしたちの主イエス・キリストによってわたしたちに勝利を賜る神」（Ⅰコリント一五章五七節）の力を明らかにすることなのです。

この思想を理解し、自分のものとしようとする人々の前には、無限に尽きない学びの機会が広がっています。彼らは神のみことばの宝庫のすべてを開く鍵を手にしているのです。

救済の科学は、あらゆる科学のなかの科学です。それは天使たちと堕落していない他世界の住人たちも研究する科学であり、わたしたちの主、救い主の関心を引きつけてやまない科学であり、神に救われた人々が永遠にわたって研究する科学です。それは、死ぬべき存在である人間が取り組むことのできる最高の科学であり、人間の知性を生き返らせ、たましいを引き上げます。それは、他のどんな科学も成しえません。

世界を生み出した創造の力は、神のみことばのなかにあります。このみことばが力を与え、生命を生じさせるのです。みことばの命令の一つひとつは約束であり、それを自らの意志で心に受け入れるとき、無限のお方のいのちが与えられます。みことばは人の性質を造り変え、たましいを神の御像に再創造するのです。

みことばによって養う

心と精神《たましい》は、それらを養うものによって形づくられます。そして、何によってそれらを養うかを決めるのは、わたしたち自身です。わたしたち一人ひとりには、わたしたちの思いを占め、品性を形づくる話題を選択する力が与えられています。人間一人ひとりには、聖書のみことばに触れる特権が与えられています。神は言われます。「わたしを呼べ。わたしはあなたに答え、あなたの知らない隠された大いなることを告げ知らせる」（エレミヤ三三章三節）。

人類は、その手にある神のみことばによって、自《みずか》ら選びさえすれば、このような交わりに入ることができるのです。聖書を開けば、彼らは人類史上最高のお方、最も気高いお方と交わり、永遠なるお方の御声を聞くことができるのです。「天使たちも見て確かめたいと願っている」（Ⅰペトロ一章一二節）主題について研究し、瞑想《めいそう》するとき、彼らは天使たちとの交わりに入ることができます。彼らは、天来の教師の足跡に従い、彼が山や野や海で教えられたみことばを聴くでしょう。彼らは、天の雰囲気のなかに生きているように生き、人々に希望を与え、聖《きよ》さを慕う思いを与えるでしょう。彼らは、見えないお方とますます親しく交わるようになり、永遠の世界の門口にますます近づき、そしてついに門は開かれ、彼らはそこから入るでしょう。そこで彼らを迎えてくれる聖なる者たちの声は、かつて地上では目に見えなかった友（天使たち）の声であり、その声は、この世で聞き分けられるようになり、愛するようになった声なのです。地上にあって神のみことばを通して天との交わりを続けてきた人々にとって、天の友との交わりは、家にいるかのように身近なものに感じられることでしょう。

第14章 科学と聖書

　自然界という本と啓示という本（聖書）には、同じ究極の知性である神の印が押されているので、二つの本が語ることに調和がないということはありえません。異なる方法と異なることばで、この二つの本は同じ偉大な真理を証ししています。科学はつねに多くの驚くべき新たな発見をしていますが、それらが正しく理解される限り、科学の探求による発見で、天の啓示と矛盾するものは何一つありません。自然界という本と文字として表された神のみことばは、互いに光を照らし合っています。両者は数々の法則を通して、そこに神が働いておられることを伝えることで、わたしたちが神を知るように導いているのです。

　しかし、自然界に見られる事象から間違って引き出された推論が、科学と啓示の間に矛盾があるかのように人々を誤解させています。人々は、両者の間に調和を回復しようとして、神のみことばの力を弱らせ、失わせるような聖書の解釈を受け入れてきました。モーセによる天地創造の記録（創世記の記述）の字義通りの解釈と地質学とは相容れないものであると考えられてきました。地球が混沌《こんとん》から進化して現在の状態になるには、数百万年を要するという主張がなされています。このような推論の上に成り立つ科学の主張に聖書を適応させるために、天地創造に要した日数は、数千年かもしれないし、あるいは数百万年におよぶかもしれないといった、茫漠《ぼうばく》とした不確定な期間であると見なされています。

このような結論は、まったく差し出がましいものです。聖書の記録は、聖書自身とも、自然界の教えとも調和しています。天地創造の第一日について、聖書は次のように記録しています。「夕べがあり、朝があった。第一の日である」（創世記一章五節）。実質的に同じことが、創造週の初めの六日間それぞれについて言われています。霊感（聖書）は、これら一日ずつの区切りの期間は、創造以来今日まで変わらない、夕と朝から成る一日であると宣言します。この創造の御業について、天は次のように証言します。「主が仰せられると、そのようになり、命じられると、堅く立った」（詩篇三三篇九節／口語訳）。世界に溢《あふ》れる数えきれないほど多くの生き物を、ただ命じることによって存在させることがおできになるお方にとって、混沌から現在の地球を造り上げるのに、どれほどの時間が必要だというのでしょうか。御業を説明するために、わたしたちはみことばを乱暴に扱わねばならないのでしょうか。

地中から発見される化石などの残存物が、現在知られているよりもはるかに大きな人間や動植物が存在したことを立証していることは事実です。これらの残存物は、モーセの天地創造の記録よりも前に動植物がすでに生存していたことの証拠であると考えられています。しかし、聖書に記された歴史は、こうしたことに関して十分な説明を与えています。ノアの洪水前までの動植物の成長は、今まで常識とされてきたそれとは比較にならないほど優れたものでした。洪水の際、地球の表面は分断され、激しい変化が起き、その後の地殻の再構成の際、それ以前に生存した生命の多くの証拠が地中に埋没しました。こうして洪水によって地中に埋められた広大な森林は、以来石炭に変わり、広範な石炭層を形成し、わたしたちの快適で便利な生活に寄与する石油を生み出しました。こうした自然の摂理に光を当てるとき、すべては神のみことばが真実であることを無言のうちに証言しているのです。

科学の啓示

地球の進化に関する理論と同じように、生物は、菌類などの微生物に始まり、甲殻類や軟体動物へ、そして四肢動物や哺乳類にいたり、ついに創造の最高の栄誉である人類へと進化したとする理論があります。人間の一生の短さ、科学者たちの限られた想像力、彼らの研究結果の頻繁で大きな誤り、彼らの推論が頻繁《ひんぱん》に修正され、放棄されること、また科学者同士の理論がいかに異なるかということを考えるとき、わたしたちは人間の祖先を微生物から軟体動物へ、さらには類人猿へとたどる特権のために、「神は御自分にかたどって人を創造された。神にかたどって創造された」（創世記一章二七節）という単純明快にして威厳に満ちた霊感のみことばを捨てることに同意してよいのでしょうか。「……アダムの子、このアダムは神の子である」（ルカ三章三八節／新改訳）と結ばれている系図は、どんな王家の系図よりも価値あるものです。わたしたちは、この人類の起源を銘記した記録を否定してよいのでしょうか。科学の啓示も人生の経験も、それが正しく理解されるなら、自然界に絶え間なく働かれる神を証しする聖書のみことばと調和します。

ネヘミヤによって記録された賛歌のなかで、レビ人は次のように歌っています。「あなたのみが王。天とその高き極みを／そのすべての軍勢を／地とその上にあるすべてのものを／海とその中にあるすべてのものを／あなたは創造された。あなたは万物に命をお与えになる方。天の軍勢はあなたを伏し拝む」（ネヘミヤ九章六節）。

創造は完成した

この地球に関する限り、聖書のみことばは、創造の御業がすでに完成されていると宣言しています。「神の業は天地創造の時以来、既に出来上がっていたのです」（ヘブライ四章三節）。しかし、神の力は今もなお、創造されたものたちを支えるために働いています。心臓が鼓動するのも、呼吸が続くのも、心臓や肺に本来備わっている力によるのではありません。呼吸の一つひとつも、心臓の鼓動一つひとつも、神がわたしたちを顧みておられる証拠なのです。その神のうちに、わたしたちは生き、動き、存在しています。最も小さい昆虫から人類にいたるまで、神が創造されたすべての生き物は、日々神の摂理に依存して生きているのです。

彼らはすべて、あなたに望みをおき
ときに応じて食べ物をくださるのを待っている。
あなたがお与えになるものを彼らは集め
御手を開かれれば彼らは良い物に満ち足りる。
御顔を隠されれば彼らは恐れ
息吹を取り上げられれば彼らは息絶え
元の塵に返る。
あなたは御自分の息を送って彼らを創造し
地の面を新たにされる。
（詩編一〇四編二七～三〇節）

ヨブ記二六章七～一〇節、二六章一一～一四節、ナホム一章三節も参照

自然界のすべてのうちに働き、すべてを支えておられる神の偉大な力は、一部の科学者たちが主張するような、あらゆる所に存在する動作原理や作動力などではありません。神は霊です。しかし、神は、その御像《みかたち》にかたどって人をお造りになったとあるように、人格をお持ちの存在です。神は人格をお持ちの存在として、ご自身を御子イエスのなかに現されたのです。御子は、地上に人として現れた「神の栄光の反映であり、神の本質の完全な現れ」（ヘブライ一章三節）なのです。人格を持つ救い主として、彼はこの世においでになり、人格を持つ救い主として、天に昇られ、人格を持つ救い主として、天の法廷で人の罪のとりなしをしておられるのです（ダニエル七章一三節）。

聖霊によって多くの書簡を書き残した使徒パウロは、キリストを次のように描写しています。「天にあるものも地にあるものも、……万物は御子において造られたからです。……御子はすべてのものよりも先におられ、すべてのものは御子によって支えられています」（コロサイ一章一六、一七節）。宇宙の諸世界を支えておられる御手、整然とした秩序と絶え間ない活動の中に宇宙の万物を保っておられる御手、その同じ御手が十字架で釘づけにされたのです。

神の偉大さは、わたしたちの理解をはるかに超えています。「主は天に御座を置かれる」（詩編一一編

四節）のです。しかし、その御霊によって、神はどこにでもおられます。神は、御手の業のすべてを熟知し、個人的に関心を寄せておられるのです。

主よ、あなたはわたしを究め
わたしを知っておられる。
座るのも立つのも知り
遠くからわたしの計らいを悟っておられる。
歩くのも伏すのも見分け
わたしの道にことごとく通じておられる。
その驚くべき知識はわたしを超え
あまりにも高くて到達できない。
（詩編一三九編一～三、六節）

ヨブ記二六章六節、詩編一一三編五、六節、詩編一三九編七～一〇節も参照

すべてのものをお造りになった神は、目的に対しては手段を、必要に対しては供給を、不思議なほど

適応するようにお定めになりました。神は物質的世界において、そこに内在する必要の一つひとつが満たされるように定められたのです。神は、知る力と愛する力を持つものとして人のたましいを創造されました。そして、たましいの求めの一つひとつが満たされるようにお定めになったのです。罪や悲しみや痛みと闘う人生を生きる人間の必要と切望に応えることができるものは、雲をつかむような原理や人間味のない存在、あるいは単なる抽象概念ではありません。法や力を信じても満たされませんし、同情心がなく、助けを求める叫び声も聞いてくれない物を信じても満たされません。わたしたちは、わたしたちを支えてくださる全能の御腕と、わたしたちをあわれんでくださる無限の友を知る必要があります。その温かい御手を握りしめ、優しさに溢れるそのみこころに信頼する必要があるのです。それこそが、みことばのなかに現されている神の御姿なのです。

科学は神の力を認める

自然の神秘を深く研究すればするほど、人はさらに深く自分の無知と弱さを知ります。自然界には、届きえない深さと高さがあり、見通すことのできない神秘があると、人は気づくのです。その時、彼はニュートンの言葉を借りて次のように言うでしょう。「わたしは自分が今まで、未知の真理という大海原を前に、浜辺で小石や貝殻を拾っている子どもであったように思える」と。

科学を深く研究した者は、自然界に働く無限の力を認めざるをえません。自然の教えは、人間の独断的理性にとって、矛盾しているもの、期待外れのものです。それは、啓示の光に照らして初めて正しく読み取ることができるのです。「信仰によって、わたしたちは、……分かるのです」（ヘブライ一一章三節）。

真摯に真理を尋ね求める心は、「初めに、神は……」（創世記一章一節）というみことばにのみ、安らぎを見いだします。地の上、地の下、地のかなた、世界のどこにでもおられる無限の愛のお方は、「善を求めるあらゆる願い」（Ⅱテサロニケ一章一一節）を実現するために、すべてのことのなかに働いておられるのです。

「世界が造られたときから、目に見えない神の性質、つまり神の永遠の力と神性は被造物に現れて」（ローマ一章二〇節）いますが、それらの証言は、天来の教師であるキリストの助けによって初めて理解できるのです。

「しかし、その方、すなわち真理の霊が来ると、あなたがたを導いて真理をことごとく悟らせる」（ヨハネ一六章一三節）。このように、聖霊とみことばの助けによってのみ、科学の証言は正しく解釈することができます。わたしたちは、すべてを知るお方の導きのもとに御業を研究するときにのみ、神に倣《なら》い、神と同じように考えることができるのです。

第15章 事業経営における原則と方法

合法と認められた仕事であれば、その仕事に就くために、聖書は必要十分な準備を必ず提供します。勤勉、正直、倹約、節制、そして純粋な心、こうした原則は事業経営における真の成功の秘訣です。これらの原則はどれも、実際的な知恵の宝庫である聖書の箴言に示されています。箴言からは、商売人であれ、職人であれ、あるいは仕事で人の上に立つ者であれ、だれもが自分自身のために、あるいは職場の同僚や部下のために、他のどんな知者や賢者の言葉にもまさる金言を見いだすことができるでしょう。

「技に熟練している人を観察せよ。彼は王侯に仕え／怪しげな者に仕えることはない」(箴言二二章二九節)。「大酒を飲み、身を持ち崩す者は貧乏になり／惰眠をむさぼる者はぼろをまとう」(同二三章二一節)。「知恵ある者と共に歩けば知恵を得（る）」(同一三章二〇節)。

「だから、人にしてもらいたいと思うことは何でも、あなたがたも人にしなさい」(マタイ七章一二節)というキリストの助言は、人間社会にあってお互いが果たさなければならない義務のすべてに適用される原則です。

聖書のみことばのなかに、何度も何度も繰り返し力説されている警告に心を留めたなら、どれほど多くの経済的損失と破産が避けられたことでしょう。「忠実な人は多くの祝福を受ける。富むことにはやる者は罰せられずには済まない」（箴言二八章二〇節）。「うそをつく舌によって財宝を積む者は／吹き払われる息、死を求める者」（同二一章六節）。「借りる者は貸す者の奴隷となる」（同二二章七節）。「他人のために保証をする者は苦しみをうけ、保証をきらう者は安全である」（同一一章一五節／口語訳）。

一般の協会や団体、そして宗教団体でも、社会の福祉と幸福に寄与しようとする働きは、すべてこれらの原則に基づいています。それは生命と財産を守る原則です。わたしたちが人を信頼し、人と協力できるのは、みことばのなかに示され、また、ほとんど消えかかりつつも、なお人の心におぼろげに残っている神の律法のおかげなのです。「あなたの口から出る律法はわたしにとって／幾千の金銀にまさる恵みです」（詩編一一九編七二節）という詩編記者のことばは、絶対の真理であり、事業経営においても認められる真理について述べています。金を儲《もう》けることに躍起になり、競争が熾烈《しれつ》を極め、勝つためには手段を選ばないこの時代にあってもなお、人生を始める若者たちにとって、正直、勤勉、節制、純粋、倹約といった資質は、どんなに多額の金銭よりもすぐれた資本であるという事実は、社会に広く認められているところです。

　こうした資質の価値を認め、その源泉が聖書であることを知っている人々でも、それらの資質の基となっている原則を理解している者はほとんどいません。事業経営における正直さと真の成功の基礎は、すべてのものの所有者が神であることを認めることにあります。万物の創造主である神がもともとの所有者なのです。わたしたちは神の財産の管理者であり、わたしたちが持っている物はすべて、神の目的のために用いるように神から託されたものなのです。

　人類一人ひとりにこの責任が負わされています。それは人間の営み全体に関係するものです。それを認めようと認めまいと、わたしたちは神によって才能と能力を与えられ、神から任命された働きをするためにこの世に置かれた管理者なのです。

　人はだれもみな、その能力に最も適した働きが与えられており、それは人類に最高の幸福をもたらし、神に最高の栄光を帰すための働きです。

　このように、わたしたちの仕事や職業は、神の大きな計画の一部なのです。そして、それが神のご意思に沿って行われる限り、その結果については神が責任を負ってくださいます。「神のために力を合わせて働く者」（Ⅰコリント三章九節）として、わたしたちのなすべき分は、神のご指示に忠実であることです。ですから、心配する必要はありません。わたしたちは与えられた能力を最高に発揮しなければなりませんが、その成功はわたしたち自身の努力の結果ではなく、神のお約束の結果なのです。砂漠でイスラエルを養い、飢饉《ききん》の時にもエリヤを支えたみことばは、今も同じ力でわたしたちの上にも働きます。「だから、『何を食べようか』『何を飲もうか』……と言って、思い悩むな。……何よりもまず、神の国と神の義を求めなさい。そうすれば、これらのものはみな加えて与えられる」(マタイ六章三一、三三節)。

什一は主のもの

富を手に入れる能力を人類にお与えになった神は、この賜物《たまもの》に伴う一つの義務をお与えになりました。神は、わたしたちが手に入れるすべての物から、定められた分を神にお返しするように求めておられます。什一は主のものです。「土地から取れる収穫量の十分の一は、穀物であれ、果実であれ、主のものである。……牛や羊の群れの十分の一については、……聖なるもので主に属す」(レビ記二七章三〇、三二節)。神は、「十分の一の献《ささ》げ物をすべて倉に運び」(マラキ三章一〇節)なさい、とお命じになっています。什一は、感謝や気前の良さの問題ではありません。単純に誠実さの問題です。什一は主のものであり、神が、ご自分の分を返すように求めておられるのです。

「管理者に要求されるのは忠実であることです」(Ⅰコリント四章二節)。もし誠実さが事業経営に必須の原則であるとすれば、神に対する義務に誠実であることは、もっと重要ではないでしょうか。

管理者という観点で言えば、わたしたちは神に対しての義務だけでなく、人に対しても義務を負っています。人間一人ひとりにいのちという賜物が与えられているのは、贖《あがな》い主の無限の愛のおかげです。食料も衣類も住まいも、体も心もたましいも、すべてキリストの血で買われたのです。このようにして負わされた感謝と奉仕の義務のゆえに、キリストはわたしたちを人類家族すべてに仕えるようにお求めになるのです。キリストはわたしたちに、「愛によって互いに仕えなさい」（ガラテヤ五章一三節、さらにマタイ二五章四〇節、黙示録一章一四節も参照）と命じておられます。わたしたちは他の人々以上に、祝福されたいのちを生きているのですから、そのすべてをもって人々のために生きる義務を負わされているのです。

わたしたちの財産が自分のものではないという事実を忘れては、わたしたちは決して安全でいられません。わたしたちは管理者にすぎないのですから、人々の幸福と自分自身のこの世と来《きた》るべき世での運命は、わたしたちが神に対する義務を遂行し、人々の必要に応えるか否かにかかっています。「あなたのパンを水に浮かべて流すがよい。月日がたってから、それを見いだすだろう」（コヘレト一一章一節）。「与えなさい。そうすれば、あなたがたにも与えられる。押し入れ、揺すり入れ、あふれるほどに量りをよくして、ふところに入れてもらえる。あなたがたは自分の量る秤《はかり》で量り返されるからである」（ルカ六章三八節）。

「十分の一の献げ物をすべて倉に運び／わたしの家に食物があるようにせよ。これによって、わたしを試してみよと／万軍の主は言われる。必ず、わたしはあなたたちのために天の窓を開き／祝福を限りなく注ぐであろう。また、わたしはあなたたちのために／食い荒らすいなごを滅ぼして／あなたたちの土地の作物が荒らされず／畑のぶどうが不作とならぬようにすると／万軍の主は言われる」（マラキ三章一〇、一一節）。

「善を行うことを学び……搾取する者を懲らし、孤児の権利を守り／やもめの訴えを弁護せよ」（イザヤ一章一七節）。「弱者を憐れむ人は主に貸す人／その行いは必ず報いられる」（箴言一九章一七節）。このような投資をする人は、二重の宝を積むことになります。賢く運用して増やしても、結局は残して行かなければならない地上の富の他に、彼らは永遠の富、すなわち、地上においても、積むのです。

正直な取引

「無垢《むく》な人の生涯を／主は知っていてくださる。彼らはとこしえに嗣業《しぎょう》を持つであろう。災いがふりかかっても、うろたえることはなく／飢饉《ききん》が起こっても飽き足りていられる」（詩編三七編一八、一九節）。

神は聖書のなかに、ヨブという裕福な人――最高の意味において成功した人、天と地が共に喜んで敬意を表した人——の生涯を描いています。ヨブ自身が彼の経験を次のように述べています。

神との親しい交わりがわたしの家にあり
わたしは繁栄の日々を送っていた。
あのころ、全能者はわたしと共におられ
わたしの子らはわたしの周りにいた。……
わたしが町の門に出て
広場で座に着こうとすると
若者らはわたしを見て静まり
老人らも立ち上がって敬意を表した。
おもだった人々も話すのをやめ
口に手を当てた。
指導者らも声をひそめ……た。
（ヨブ記二九章四、五、七～一〇節）
ヨブ記三一章三一、三二節、二九章二一～二五節も参照

「主の祝福は人を富ませる、主はこれになんの悲しみをも加えない」（箴言一〇章二二節／口語訳）。

聖書はまた、わたしたちが正しい原則から離れて神と向かい合ったり、お互いに接したりするとき、どのような結果を招くかについても示しています。神から賜物を託されていながら、神の要求に無関心な者たちに対して神はこう言われます。「お前たちは自分の歩む道に心を留めよ。種を多く蒔《ま》いても、取り入れは少ない。食べても、満足することなく／飲んでも、酔うことがない。衣服を重ねても、温まることなく／金をかせぐ者がかせいでも／穴のあいた袋に入れるようなものだ」（ハガイ一章五、六節）。「人は神を偽りうるか。あなたたちはわたしを偽っていながら／どのようにあなたを偽っていますか、と言う。それは、十分の一の献げ物と／献納物においてである」（マラキ三章八節）。

あらゆる事業の会計報告、あらゆる商取引の詳細は、目に見えない会計監査官たちの監査を受けます。彼らは、決して不正と妥協せず、決して悪を見逃さず、決して違法行為を軽く見ることをされない神の代理人なのです。「悪を行う者が身を隠そうとしても／暗黒もなければ、死の闇もない」（ヨブ記三四章二二節）。

悪を行う者たちに対して、神の律法はその罪を糾弾《きゅうだん》します。彼らはその声に耳を貸さず、その警告の声をかき消そうとするかもしれません。しかし無駄です。その声は彼らのあとを追って呼びかけます。そして、彼らの心をかき乱します。その声はたとえ顧みられなくても、彼らを墓まで追って行くでしょう。彼らのさばきの時に、その声は証人となるでしょう。ついには消えることのない火が、たましいと体を焼き尽くすでしょう。

「人は、たとえ全世界を手に入れても、自分の命を失ったら、何の得があろうか。自分の命を買い戻すのに、どんな代価を支払えようか」（マルコ八章三六、三七節）。

これは、親、教師、生徒一人ひとりが、さらには老いも若きも、人類一人ひとりが考えるべき問題です。事業計画であれ、人生設計であれ、この地上での短い人生の間のことしか考えておらず、終わりのない未来の備えをしていないものは、安全でありませんし、完全であるとも言えません。青年たちの将来設計のなかに永遠を取り入れるよう教えなければなりません。彼らが聖書の原則を選ぶように、また、「盗人も近寄らず、虫も食い破らない天に、尽きることのない宝をたくわえ（る）」（ルカ一二章三三節／口語訳）ように教えなければなりません。

これを実行する人はみな、この世の人生のために最善の備えをしているのです。このように天に宝をたくわえる人の生涯は、地上においても豊かで気高いものになるでしょう。

「信心は、この世と来るべき世での命を約束するので、すべての点で益となるからです」（Ⅰテモテ四章八節）。

第16章
聖書の伝記

人を教え導くものとして、聖書のなかで伝記ほど大きな価値を持つものはありません。それらの伝記は、人生をまったく忠実に描いているという点で、他のどんな伝記とも異なります。人の心を読み、その秘められた動機と行動の源泉を見抜かれるお方だけが、絶対の真実をもって人の品性を描き、人の一生を忠実に描写することがおできになるのです。そのような描写は、神のみことばのなかにのみ見られます。

わたしたちの行動は、わたしたちがどのような者であるかの結果であると、聖書ははっきり述べています。多くの場合、人生で経験することは、自分の考え方や行いが結んだ実なのです。「理由のない呪いが襲うことはない」（箴言二六章二節）。「この地よ、聞け。見よ、わたしはこの民に災いをもたらす。それは彼らのたくらみが結んだ実である」（エレミヤ六章一九節）。

これは厳粛《げんしゅく》な真実であり、わたしたちの心にしっかり刻まれなければなりません。すべての行いは、それをした人に返るのです。人は、人生をのろう不幸のなかで初めて、それが自分のまいたものの実であることを知るのです。しかし、わたしたちは希望もなく捨て置かれているのではありません。

変えられたヤコブ

ヤコブは、すでに神から約束されていた長子の相続権を手に入れるために、不正な手段を用い、兄エサウの憎しみを刈り取ることになりました。二〇年もの異郷の地での生活の間、彼は不当な扱いを受け、だまし取られ、ついには逃亡によって身の安全を確保せざるをえませんでした。さらに、彼の品性の悪い部分が息子たちに伝わり、彼らのなかで芽を出すのを見るという、第二の実を刈り取ることになりました。人の一生における応報の実態は、厳然たる真実なのです。

しかし、神は次のように言われます。「わたしは、とこしえに責めるものではない。永遠に怒りを燃やすものでもない。霊がわたしの前で弱り果てることがないように／わたしの造った命ある者が。貪欲な彼の罪をわたしは怒り／彼を打ち、怒って姿を隠した。彼は背き続け、心のままに歩んだ。わたしは彼の道を見た。わたしは彼をいやし、休ませ／慰めをもって彼を回復させよう。民のうちの嘆く人々のために……平和、平和、遠くにいる者にも近くにいる者にも。わたしは彼をいやす、と主は言われる」

（イザヤ五七章一六～一九節）。

ヤコブは悩みのうちにあっても、打ちのめされませんでした。彼はすでに悔い改めていました。彼は兄にした不正な行為を償うために真剣に努力しました。そして、兄エサウの怒りのために殺されるかもしれないと恐れたときに、彼は神に助けを求めました。「その人は……ヤコブをその場で祝福した」（創世記三二章二九、三〇節）。赦されたヤコブは、神の力によって、もはや押しのける者ではなく、神と共に生きる王子として立ち上がりました。彼は怒れる兄から解放されただけでなく、自分自身から解放されたのです。彼のなかの生来の悪の力は打ち破られ、その品性は造り変えられました。彼の人生を振り返るとき、ヤコブは、そこに神の忍耐と励ましの力を認めるのでした。

ヤコブの息子たち

これと同じ経験が、ヤコブの息子たちの歴史にも繰り返されました。神はご自分の律法を無効にはされません。律法に反することはなさいません。神は罪の結果を元に戻すことはなさいません。しかし、神は変えることがおできになります。神のあわれみによって、のろいは祝福に変わるのです。

ヤコブの息子の一人であるレビは、最も残酷で復讐心の強い息子で、シェケムの人々を裏切って殺した二人の主犯格のうちの一人でした。彼の性格的特徴は彼の子孫にも受け継がれ、神から、「わたしは彼らをヤコブの間に分け／イスラエルの間に散らす」（創世記四九章七節）との宣告を受けました。しかし、悔い改めが変革を生み、のちに、他の部族の背信のただなかにあっても神に忠実であったために、かつてののろいに代わって最高の栄誉とも言える役目を与えられることになるのです。

「そのとき、主はレビ族を選び分けて、主の契約の箱を担ぎ、主の御前に立って仕え、主の名によって祝福するようにされた」（申命記一〇章八節）。

レビ族は聖所の奉仕に任命されたため、土地の相続権は与えられませんでした。彼らは、特別に分け与えられた町々に集まって住み、神の奉仕に専念するために、什一と献げ物を生活のために用いることが許されました。彼らは人々を教え、すべての祭りに招かれ、どこでも神のしもべ、神を代表する者として敬意を受けました。イスラエルの国民全体に次のような命令が与えられました。「あなたは、地上に生きている限り、レビ人を見捨てることがないように注意しなさい」（申命記一二章一九節）。「レビ人には、兄弟たちと同じ嗣業の割り当てがない。あなたの神、主が言われたとおり、主御自身がその嗣業である」（同一〇章九節）。

信仰によって征服する

「彼はその欲望が示すとおりの人間だ」（箴言二三章七節）との真理は、イスラエルのもう一つの経験のなかにも示されています。カナンとの国境で、この国の偵察から戻ったイスラエルの斥候《スパイ》たちは、その報告をしました。彼らの目には、困難と恐ればかりが映り、この地の美しさと豊かさは見えていませんでした。城壁に囲まれた町々、大男の戦士たち、鉄の戦車が彼らの信仰をたじろがせたのでした。多くの人々は神を忘れ、「いや、あの民に向かって上って行くのは不可能だ。彼らは我々よりも強い」（民数記一三章三一節）との、不信仰な斥候たちの判断に賛同しました。

しかしながら、この地を見に行った一二人のうちの二人は異なる判断をしました。彼らは、「断然上って行くべきです。そこを占領しましょう。必ず勝てます」（民数記一三章三〇節）と言って人々を激励しました。彼らにとって、神の約束は巨人たちや城壁、あるいは鉄の戦車にまさるものでした。疑い深い者たちと四〇年の放浪を共にしていながら、ヨシュアとカレブの二人は、約束の地に入りました。エジプトをあとにしたときと同じ勇敢さを持って、カレブは巨人たちの本拠地を分け前として求め、与えられました。彼は神の力によってカナン人を追い出し、彼らのぶどう畑とオリーブの森を彼の所有としたのです。臆病な者たちや神に逆らう者たちは荒れ野で滅びました。しかし、信仰の人カレブとヨシュアは、カナンの地、エシコルのぶどうを食べたのでした。

聖書に示された真理で、これほど強く、はっきりと示された真理は他にありません。この真理は、正しいことからたった一歩離れたために滅びることの危険、すなわち、不正を行う者の滅びだけでなく、彼に感化されたすべての人々にまでおよぶ滅びの危険について警告しています。人の生きざまという実例には、驚くべき力があります。そのような実例という石が、ひとたびわたしたちの性質の悪の傾向に影響を与えると、それはほとんど抵抗し難い力となるのです。

世の中にあって最も強い悪徳のとりでとは、なにも救い難い罪人や、社会から見捨てられ自暴自棄になった人々のひどい生き方を指すのではありません。そうではなく、表向きは模範的で、尊敬すべき立派なふるまいをしながら、心のなかに悪を宿し、悪徳におぼれているような生活です。人知れず、がけっぷちで震えながら、大きな誘惑と闘っているたましいに対して、このような実例は、罪へ引き込む最も強い誘惑となるのです。人生、真理、名誉といった高度な概念を理解する知力が与えられていながら、神の聖なる律法のなかの一つの教えに故意に違反する人は、彼らに与えられた貴い賜物を、罪の疑似餌として悪用しているのです。このように、非凡な才能や能力、同情心や寛大で親切な行いでさえ、滅びのがけっぷちへたましいをおびき寄せるサタンのおとりになるかもしれません。

ですから、神は、たった一つの誤った行動のもたらす結果を、実に多くの実例を通して示されました。失楽園とともに、世界に死とすべての悩みと悲しみをもたらした一つの悲しい罪の物語に始まり、栄光の主を銀貨三〇枚で売り渡した男の記録にいたるまで、聖書の伝記は、警告の標識としての実例に満ちています。

信仰を失うエリヤ

聖書は、わずか一度でも人間的な弱さに負けてあやまちに陥ることの結果や、信仰から離れることが結ぶ実にも注目しており、そこにも警告が含まれています。

エリヤはたった一度の信仰の不足のために、ライフワークを途中で終えることになりました。彼はイスラエルのために重荷を負い、国家的な偶像崇拝に対して忠実に警告し、三年半におよぶ飢饉《ききん》の間、その窮状を見て深く気をもみ、それでもなお、イスラエルに悔い改めのきざしが現れるのを待ち続けたのでした。彼は神のためにたった一人でカルメル山上に立ちました。信仰の力によって偶像崇拝は倒され、イスラエルの上に注がれるのを待っていた祝福を表すかのように、祝福の雨が降り注いだのでした。しかしその後、疲れと弱さのために、彼は王妃イゼベルの脅迫の前に逃亡し、一人荒れ野で死を求めて祈ります。彼は信仰を失っていました。もはや、やり始めた働きを完成することができなくなっていたのです。そんな彼に神は、彼の代わりにもう一人の預言者を任命するようにお命じになりました。

しかし神は、ご自分のこのしもべの真心からの働きを覚えておられました。エリヤは荒れ野で失意と孤独のうちに非業の死を遂げてはなりませんでした。彼のために神は、墓へ下る道ではなく、神の栄光に包まれ、天使たちと共に天に昇る道を備えられたのです。

こういった人生の記録は、人類一人ひとりがいつの日か理解することを語り告げています。すなわち、罪は恥と喪失感だけをもたらすということ、不信仰は失敗を生むということ、しかし神のあわれみは人生のどん底にいる人にまで届くということ、そして信仰は悔い改めるたましいを引き上げ、神の息子、娘にするということです。

苦しみを通しての訓練

この世にあって神と人々のための真の奉仕に献身しようとする者はだれでも、働きに備えて悲しみという学校で訓練を受けます。その期待が大きければ大きいほど、その働きが高貴なものであればあるほど、与えられる試練は耐えられるぎりぎりのものであり、受けなければならない訓練はより厳しいものとなるのです。

ヨセフやモーセ、ダニエルやダビデの経験を学びなさい。ダビデの少年時代とソロモンの人生を比較して、その後の人生を考えてみなさい。

ダビデは青年時代にサウル王と親しく交わりました。彼は宮廷で過ごし、王室とも接触がありましたので、そこにある多くの心配と悲しみ、そして王族のきらびやかさと華やかさの下に隠された困難な問題の数々を見抜いていました。彼は、人間の栄光が、たましいに平安を与えるという意味では、ほとんど役に立たないことを知りました。王の宮廷から羊のおりや羊の群れに戻ったときに、彼は安心し、喜んだのです。

サウル王のねたみのために逃亡者として荒れ野に追いやられたとき、ダビデは人の支えをまったく得られず、もっと深く神により頼むようになりました。確かなものの何もない荒れ野での生活の不安、やむことなく迫りくる命の危険、休みなく続く逃亡の日々、彼のところに集まって来る人々の性質、これらすべてが彼に厳しい自己鍛錬を不可欠なものとさせたのでした。こういった経験が彼のうちに、人を扱う能力、虐げられている者たちへの同情、そして不正を憎む心を目覚めさせ、発達させました。こうした危険のなかでひたすら耐えて待ち続ける年月を通して、彼は神のうちに慰めと支えといのちを見いだすことを学びました。そして、神の力によってのみ王座が与えられ、神の英知によってのみ賢く国を治めることができるのだということを学んだのでした。のちに大きな罪によって傷つけられたとはいえ、「その民すべてのために裁きと恵みの業を行った」（サムエル記下八章一五節）と評されるほどの業績をダビデが残すことができたのは、この困難と悲しみという学校での訓練を通してのことでした。

ソロモンの人生には、ダビデが青年時代に経験したような訓練が欠けていました。その境遇においても、品性においても、生活においても、彼はだれよりも恵まれていました。高貴な家柄に生まれ育ち、神に愛され、青年時代も、成人してからも、何不自由なく過ごしたソロモンは、確実に繁栄と栄誉を約束された王として国を治め始めたのでした。神が与えられたその知識と洞察力に、周囲の国々は驚嘆しました。しかし、その繁栄が生んだおごりが、彼を神から引き離したのです。ソロモンは天との交わりの喜びを捨て、感覚的な快楽を求めて道を踏み外したのでした。この経験について、彼はこのように述べています。

「大規模にことを起こし／多くの屋敷を構え、畑にぶどうを植えさせた。庭園や果樹園を数々造らせ／さまざまの果樹を植えさせた。……金銀を蓄え／国々の王侯が秘蔵する宝を手に入れた。……かつてエルサレムに住んだ者のだれにもまさって／わたしは大いなるものとなり、栄えたが……しかし、わたしは顧みた／この手の業、労苦の結果のひとつひとつを。見よ、どれも空しく／風を追うようなことであった。太陽の下に、益となるものは何もない。……わたしは生きることをいとう。……太陽の下でしたこの労苦の結果を、わたしはすべていとう」(コヘレト二章四、五、八～一一、一七、一八節)。

ソロモンは、自分の苦い経験を通して、地上の物に最高の幸福を求めることが、どれほど空しいかを知りました。彼は異教の神々のために祭壇を築きましたが、結局、それらの神々の約束するたましいの平安が、いかに空しいものであるかを知ったにすぎませんでした。後年、地上の壊れた水がめから飲めずに渇き、弱り果てたソロモンは、水を求めて天のいのちの泉に立ち帰りました。彼は聖霊に促されて、後世への警告の教訓となるように、空しく過ごした年月を書き残しました。こうして彼がまいた種は、イスラエルの民によって悪の実りとして刈り取られることになるのですが、彼のライフワークは完全に失われたのではありませんでした。晩年、彼はついに苦しみという訓練を通して学んだのでした。しかし、苦しみを通して得られるこのような心の夜明けを、ソロモンが青年時代に経験していたなら、彼の壮年期はどれほど輝かしいものになっていたことでしょう。

ヨブの試練

「神を愛する者たち、つまり、御計画に従って召された者たち」(ローマ八章二八節)のために、聖書の自伝は、悲しみから学ぶ経験について、より深い教訓を教えています。「あなたたちがわたしの証人である、と主は言われる。わたしは神」（イザヤ四三章一二節）。すなわち、わたしたちは、神が善意のお方であること、そしてわたしたちに最高の幸福を望んでおいでになることの証人なのです。

神の御国の原則である無我の精神は、サタンが嫌う原則です。彼は、そんなものはこの世に存在しないのだと主張します。神とサタンとの間の大争闘の初めから、彼は、神がなさることはみな利己主義の原則に基づいているのだとする自分の主張を立証しようと躍起になってきました。そして、神に仕えるすべての人々にも同様の挑戦をするのです。このサタンの主張に反証することがキリストの働きであり、キリストの御名を身に負うすべてのクリスチャンの働きでもあるのです。

イエスが人の姿をとってこの世においでになったのは、その生涯を通して無我の精神という原則を世に示すためでした。この原則を受け入れる者はみな、この原則を生活のなかに実践することによって、キリストと共に働く者とならなければなりません。キリストが忍ばれた苦難と払われた犠牲によって勝ち取られた真理に立つこと、この正しいことをわたしたちが選ぶのは、それが正しいことだからです。「これが主の僕らの嗣業／わたしの与える恵みの業だ、と主は言われる」（イザヤ五四章一七節）。

世界の歴史が始まってまだ間もないころ、このサタンとの闘いに巻き込まれた一人の人の記録が聖書に残されています。

人の心を探り知るお方は、ヨブについてこう証言しています。「地上に彼ほどの者はいまい。無垢《むく》な正しい人で、神を畏《おそ》れ、悪を避けて生きている」（ヨブ記一章八節）。この神の証言に対して、サタンは冷笑しながら訴えます。「ヨブが利益もないのに神を敬うでしょうか。あなたは彼とその一族、全財産を守っておられるではありませんか。……ひとつこの辺で、御手を伸ばして彼の財産に触れてごらんなさい。面と向かってあなたを呪うにちがいありません」（同九、一一節）。

主はサタンに言われました。「それでは、彼のものを一切、お前のいいようにしてみるがよい。ただし彼には、手を出すな」（ヨブ記一章一二節）。「それでは、彼をお前のいいようにするがよい。ただし、命だけは奪うな」（同二章六節）。

こうして許されたサタンは、ヨブのすべての持ち物――羊と牛の群、男女の僕たち、息子と娘たち――を奪い、さらに、「ヨブに手を下し、頭のてっぺんから足の裏までひどい皮膚病にかからせた」（ヨブ記二章七節）のでした。

なおも、彼のさかずきにもう一つの苦い試練が注がれます。彼の友人たちがやって来て、災難というものは罪の報いなのだから、何か悪事を働いているはずだと言ってヨブを責め、彼の心の傷に塩をすり込み、さらなる重荷を負わせたのです。

天地から見放されたと思える状況においてもなお、神を信じる信仰と潔白な良心を堅く保ちながら、ヨブは苦悩と戸惑いのなかで叫びます。「わたしの魂は生きることをいとう」（ヨブ記一〇章一節）。「どうか、わたしを陰府《よみ》に隠してください。あなたの怒りがやむときまで／わたしを覆い隠してください。しかし、時を定めてください／わたしを思い起こす時を」（同一四章一三節）。「彼がわたしを殺すとも、わたしは彼により頼もう」（同一三章一五節／英訳聖書）。「わたしは知っている／わたしを贖《あがな》う方は生きておられ／ついには塵《ちり》の上に立たれるであろう。この皮膚が損なわれようとも／この身をもって／わたしは神を仰ぎ見るであろう／このわたしが仰ぎ見る／ほかならぬこの目で見る」（同一九章二五～二七節／同七～二一節、二三章三～一〇節も参照）。

ヨブは言います。「わたしを試してくだされば／金のようであることが分かるはずだ」（ヨブ記二三章一〇節）。彼の信仰によって、この試練は過ぎ去りました。辛抱強い忍耐によって、彼は自分の品性を擁護し、同時に彼が代表したキリストの品性をも擁護したのです。その時、「主はヨブを元の境遇に戻し、更に財産を二倍にされた。……主はその後のヨブを以前にも増して祝福された」（同四二章一〇、一二節）のでした。

ヨナタンとバプテスマのヨハネ

自己犠牲を通してキリストの苦しみを共にした者として、ヨナタンとバプテスマのヨハネの名をあげることができるでしょう。

　ヨナタンは王位を受け継ぐ者として生を受けましたが、天の決定によって自分が王位を継ぐことは許されないことを知ります。彼は自分自身の危険をも顧みず、命を懸けてかばうほどに、ライバルであったダビデに友として最高の愛情と変わらぬ友情を示しました。彼はまた、父の力が陰りを見せた暗い時代にも父の側に堅く立って離れず、ついには父のかたわらで倒れました。ヨナタンの名前は天では宝とされ、地上では自分を忘れて他者に尽くす愛の力と、そのような愛が存在したことを証ししています。

　メシアの先駆けとしてのバプテスマのヨハネの登場は、ユダヤを熱狂させました。村から村へ、町から町へ、彼の行くところには、あらゆる階級、あらゆる身分の人々が群れを成して押しかけました。しかし、彼が先駆けとして、その到来を告げ知らせていたお方がおいでになると、すべてが変わりました。群衆はイエスに従い、ヨハネの働きはみるみるしぼんでゆくように見えました。しかし、彼の信仰が揺らぐことはありませんでした。「あの方は栄え、わたしは衰えねばならない」（ヨハネ三章三〇節）。

　時は流れ、ヨハネが確信をもって待ち望んだ王国は建てられませんでした。荒れ野の自由も生命に溢《あふ》れる新鮮な空気も断たれたヘロデの地下牢で、彼は待ち、状況を見守りました。

　剣を振りかざすこともなく、牢獄の扉を引きちぎることもありませんでしたが、病人の癒やしと福音の宣教、人のたましいを引き上げることがキリストの働きを証明していました。

地下牢のなかでただ一人、自分の道が救い主の道と同じように続くのを見て、ヨハネはキリストと共に犠牲になるという信任を受け入れました。天のみ使いたちは、ヨハネが墓に入るまで彼に仕えました。宇宙の知的存在は、罪ある者も罪なき者もみな、彼が無我の奉仕に生き抜いたことを見届けたのでした。

それ以後に生きたあらゆる時代の苦しむたましいは、ヨハネの生涯の証しによって支えられてきました。地下牢で、絞首台で、炎のなかで、暗黒の世紀を生きた人々は、彼を覚えて勇気づけられてきたのです。キリストはそのヨハネについて、「およそ女から生まれた者のうち、洗礼者ヨハネより偉大な者は現れなかった」（マタイ一一章一一節）と明言なさいました。

第17章
詩と歌

文学に見られる詩的表現のうち、最も古く、最も卓越したそれは、聖書のなかに見いだすことができます。世界中の最も古い時代の詩人たちが吟《ぎん》ずる前に、すでにミディアンのその羊飼い（モーセ）は、ヨブに対する神からのみことばを次のように記録しました。その威風において、人間の才能による最高の作品も、これには並びもしなければ、及びもしません。

わたしが大地を据えたとき
お前はどこにいたのか。……
海は二つの扉を開いてほとばしり
母の胎から溢れ出た。
わたしは密雲をその着物とし

濃霧をその産着《うぶぎ》としてまとわせた。
しかし、わたしはそれに限界を定め
二つの扉にかんぬきを付け
「ここまでは来ても良いが越えてはならない。
高ぶる波をここでとどめよ」と命じた。
（ヨブ記三八章四、八～一一節）
ヨブ記三八章一二～二七、三一、三二節も参照

「詩のなかの詩」と言われるソロモンの雅歌のなかにも、春を描写した美しい表現が見られます。

ごらん、冬は去り、雨の季節は終わった。
花は地に咲きいで、小鳥の歌うときが来た。
この里にも山鳩の声が聞こえる。
いちじくの実は熟し、ぶどうの花は香る。
恋人よ、美しい人よ

さあ、立って出ておいで。
（雅歌二章一一～一三節）

これに劣らぬ美しさが、不本意ながらイスラエルに対する祝福を預言したバラムの言葉に見られます（民数記二三章七～二三節、二四章四～六、一六～一九節）。

賛美の調べは天の雰囲気です。天が地と交わるとき、そこには音楽と歌――「感謝の歌声」がありま す（イザヤ五一章三節）。

神のほほえみの下、清らかで汚れなく広がる新しく創造された大地の上空では、「夜明けの星はこぞって喜び歌い／神の子らは皆、喜びの声をあげた」（ヨブ記三八章七節）とあります。こうして、人の心は天と一緒になり、賛美の調べをもって神の善意に応えてきたのです。人類史のなかの多くの出来事は、歌と結びついています。

人が歌った歌で、聖書に記録されている最も古いものは、紅海を渡ったときに、イスラエルの軍勢からほとばしるように湧き出た輝かしい感謝の歌声でした。

主に向かってわたしは歌おう。

主は大いなる威光を現し
馬と乗り手を海に投げ込まれた。
主はわたしの力、わたしの歌
主はわたしの救いとなってくださった。
この方こそわたしの神。わたしは彼をたたえる。
わたしの父の神、わたしは彼をあがめる。

（出エジプト記一五章一、二節）
同一五章六～一一、一八～二一節も参照

賛美の歌に応えることを通して、人類は大きな祝福を受けてきました。イスラエルの荒れ野の旅を物語る短い言葉にも、わたしたちが学ぶに価する教えがあります。「彼らはそこからベエル（井戸）に行った。これは、主がモーセに『民を集めよ、彼らに水を与えよう』と言われた井戸である」（民数記二一章一六節）。その時、イスラエルは次の歌を歌いました。

井戸よ、湧き上がれ

井戸に向かって歌え。
笏《しゃく》と杖をもって
司たちが井戸を掘り
民の高貴な人がそれを深く掘った。
（民数記二一章一七、一八節）

イスラエルが経験したこのような出来事は、わたしたちの霊的な経験においてもどれほどたくさん繰り返されていることでしょう。聖歌の歌詞が心《たましい》のなかに、どれほど多くの悔い改めと信仰、希望と愛と喜びの泉を開いてきたことでしょう。

イスラエル軍は、ヨシャファトの指揮のもと、賛美の歌を歌いながら大いなる解放に向かって進みました。ヨシャファトは、戦いが差し迫っているという知らせをすでに受けていました——「大軍が攻めて来て……います」（歴代誌下二〇章二節）。それは、モアブ人、アンモン人、そして彼らに加わった他の民でした。これを聞いた「ヨシャファトは恐れ、主を求めることを決意し、ユダのすべての人々に断食を呼びかけ」（同三節）ます。こうしてヨシャファトは、主の神殿の前で人々の前に立ち、たましいを注いで祈り、イスラエルの無力を告白し、神の約束を願い求めて言いました。「わたしたちには、攻めてくる大軍を迎え撃つ力はなく、何をすべきかわからず、ただあなたを仰ぐことしかできません」(同一二節)。その時、主の御霊が祭司ヤハジエルの上に臨み、彼はこう言いました。「この大軍を前にしても恐れるな。おじけるな。これはあなたたちの戦いではなく、神の戦いである。……あなたたちが戦う必要はない。堅く立って、主があなたたちを救うのを見よ。……恐れるな、おじけるな。明日敵に向かって出て行け。主が共にいる」(歴代誌下二〇章一五、一七節)。

「翌朝早く、彼らはテコアの荒れ野に向かって出て行った」(歴代誌下二〇章二〇節)。イスラエル軍の前を、歌を歌う者たちが神に賛美の声を上げて進みました。それは勝利の約束のゆえに主を賛美する歌声でした。

それから四日後、イスラエル軍は敵からのぶんどり物を山と積んで、勝利の賛美の歌声と共にエルサレムに帰還しました。

ダビデは、彼の浮き沈みの多い変化に富んだ人生のなかで、歌を通して天と交わりました。彼の歌に表された若い羊飼いとしての経験は、感動的です。

　主は羊飼い、わたしには何も欠けることがない。
　主はわたしを青草の原に休ませ

憩いの水のほとりに伴い
魂を生き返らせてくださる。
主は御名にふさわしく
わたしを正しい道に導かれる。
死の影の谷を行くときも
わたしは災いを恐れない。
あなたがわたしと共にいてくださる。
あなたの鞭《むち》、あなたの杖
それがわたしを力づける。
（詩編二三編一～四節）

彼は成人して追跡される逃亡者となり、岩山や荒れ野の洞穴に隠れ家を見いだしながら、次のように書いています。

神よ、あなたはわたしの神。

わたしはあなたを捜し求め
わたしの魂はあなたを渇き求めます。
あなたを待って、わたしのからだは
乾ききった大地のように衰え
水のない地のように渇き果てています。……
あなたは必ずわたしを助けてくださいます。
あなたの翼の陰でわたしは喜び歌います。
（詩編六三編一、八節）
詩編四二編一一節、二七編一節も参照

息子アブサロムの反逆のために王位を追われ、王冠のない王としてエルサレムから逃れたときに書かれたダビデの言葉のなかにも、同じ信頼が息づいています。逃亡のための深い悲しみと衰弱のなかで、彼とその仲間は、しばらく休息するためにヨルダン川のほとりで足を止めました。すぐに逃げろとの叫び声に、彼は目を覚ました。暗闇のなかで、深く、速い流れを、男、女、子どもたち全員が渡らねばなりませんでした。彼らを追って裏切り者の息子の軍隊がすぐそこに迫っていたのです。

そのような最悪の試練の時に、彼は次のように歌いました。

主に向かって声をあげれば
聖なる山から答えてくださいます。
身を横たえて眠り
わたしはまた、目覚めます。
主が支えていてくださいます。
いかに多くの民に包囲されても
決して恐れません。

（詩編三編五〜七節）

大きな罪を犯したのちに、良心の呵責《かしゃく》と自己嫌悪による苦悩のなかでもなお、ダビデは最良の友である神に頼みました。

神よ、わたしを憐れんでください

御慈《おんいつく》しみをもって。
深い御憐《おんあわ》れみをもって
背きの罪をぬぐってください。……
ヒソプの枝でわたしの罪を払ってください
わたしが清くなるように。
わたしを洗ってください
雪よりも白くなるように。
（詩編五一編三、九節）

ダビデは長い生涯の間、地上に憩いの場を見いだすことができませんでした。彼は言いました。「わたしたちは、わたしたちの先祖が皆そうであったように、あなたの御前では寄留民にすぎず、移住者にすぎません。この地上におけるわたしたちの人生は影のようなもので、希望はありません」（歴代誌上二九章一五節）。「神はわたしたちの避けどころ、わたしたちの砦《とりで》。苦難のとき、必ずそこにいまして助けてくださる。わたしたちは決して恐れない／地が姿を変え／山々が揺らいで海の中に移るとも」（詩編四六編二、三節）。

イエスは地上生涯において、歌をもって試練に向かい合われました。心を刺すような鋭い言葉を浴びせられたときにも、周囲の雰囲気が憂うつ、不満、不信、耐えがたい恐れで重苦しかったときにも、主の信仰と聖なる励ましの歌が聞こえました。

あの最後の悲しい夜、過越《すぎこし》の祭りを祝う食卓で、裏切りと死に向かって進んで行こうとされていたときも、主は高らかに詩編を口にされたのでした。

今よりとこしえに
主の御名がたたえられるように。
日の昇るところから日の沈むところまで
主の御名が賛美されるように。

（詩編一一三編二、三節）

詩編一一六編一～八節も参照

地上の最後の大いなる危機において、神の光は、深まりゆく影のなかで最も明るく輝くでしょう。その時、最も清らかで最も高く澄んだ調べとなって、希望と信頼の歌が響くでしょう。

堅固な思いを、あなたは平和に守られる
あなたに信頼するゆえに、平和に。
どこまでも主に信頼せよ、主こそはとこしえの岩。
（イザヤ二六章三、四節）

歌の力

聖書の歌の歴史は、音楽や歌を用いることの利益について、示唆に溢《あふ》れています。音楽はしばしば悪い目的のために誤用され、人の心を誘惑する最も魅惑的なものになります。しかし正しく用いれば、神の貴い賜物となります。音楽は、人の思想を気高く、崇高なテーマへと引き上げ、人のたましいにいのちを吹き込み、元気づけるために作られたからです。

イスラエルの子らが荒れ野を旅していたとき、聖《きよ》い歌の調べが彼らの道を明るく元気づけたように、神は今日でも、ご自分の子らが天を目指す旅路を喜びに溢れたものにするよう望んでおられます。神のみことばを記憶に刻むために、繰り返し歌うことよりも効果的な方法は他にありません。そのような歌には不思議な力があります。聖い歌には、粗野で訓練されていない性質を抑える力、思想を刺激し、同情心を呼び覚ます力、行動に調和と一致を生み出し、暗い雰囲気や、勇気をくじいて努力を無にするような暗い予感を吹き払う力があるのです。聖い音楽は、人の心に霊的な真理を印象づけるために最も効果的な方法の一つです。

教育の一つの手段としての歌の価値を、決して見逃してはなりません。家庭で美しく純粋な歌が歌われると、譴責の言葉は少なくなり、快活さと希望と喜びが増えます。学校に賛美が溢れれば、生徒たちは神に、教師に、そしてお互いに引き寄せられるでしょう。

宗教的な集まりにおいて、賛美は祈りと同じように重要な礼拝の行為であり、実際、多くの賛美歌は祈りです。子どもたちがこのことを理解するなら、彼らは歌詞の意味をもっと考えて歌い、賛美の力をもっと感じるようになるでしょう。

救い主が神の無限の栄光に照らされた天の門へわたしたちを導いてくださるとき、天の王座を取り囲む天の聖歌隊の歌う賛美と感謝の旋律が聞こえてくるかもしれません。そのような天使たちの賛美が地上の家庭でもささげられるとき、心は天使たちの歌声と一つになり、天の交わりが地上で始まるのです。こうしてわたしたちはこの地上においても、天の賛美に調和するために、その主音である賛美と感謝を学ぶのです。

第18章
聖書の神秘

限られた人間の知性では、無限のお方である神のご品性や御業を十分に理解することはできません。わたしたちが探し求めても、神を見いだすことはできないのです。最も有能で、最高の教養を身につけた知性をもってしても、知的に最も貧しく、何の教養もない者と同じように、聖なるお方は神秘に包まれたままです。聖書には、「密雲と濃霧が主の周りに立ちこめ／正しい裁きが王座の基をなす」（詩編九七編二節）とあります。わたしたちは、自分に与えられた理解力の範囲でしか神の目的を理解できませんが、たとえ理解できなくとも、神の全能の御手と愛に溢れるみこころを信頼することはできるのです。

神のみことばである聖書もまた、その著者のご品性と同じように、わたしたちの限られた知性では、決して完全に理解することはできない神秘を含んでいます。しかし神は、聖書が天の権威に基づいている十分な証拠をそのなかに与えておられます。それは神ご自身の存在であり、ご品性であり、みことばの十分な信頼性です。これらはわたしたちの理性によっても理解できる証拠であり、その証拠は聖書のなかに溢れています。疑えば疑える可能性を神が取り除かれなかったのは事実です。信仰は証拠によって信じるのであって、証明されてから信じるのではありません。疑いたいと思う者には、その機会があるでしょう。しかし真理を知りたいと強く望む者は、信じるに足る有り余るほどの根拠を見いだすのです。

神の摂理の神秘を理解できないからといって、それはわたしたちが神のみことばを疑う理由になりません。自然界を見れば、わたしたちはつねに、わたしたちの理解できない不思議に囲まれています。そうであるなら、わたしたちの測り知ることのできない霊的な神秘に出会ったからといって驚くには及ばないはずです。信じるのを難しくしているのは、単に人間の弱く狭い知性と理性なのです。

霊感による確かな証拠

聖書の神秘は、聖書に反対する論拠であるどころか、聖書が天の霊感によって書かれたことの最も確かな証拠です。もし聖書が神について、人に理解できることしか書いておらず、また神の偉大さと威厳が限りある人の知性で理解できるものであるなら、聖書はその明白な神性の証拠を持たなかったでしょう。聖書の主題の偉大さこそが、神のみことばとしてそれを信じる信仰を呼び覚ますのです。

聖書はその単純さのなかに真理の扉を開いて見せ、最高の教養を備えた知性を驚かせ、引きつける一方、教育を受けていないつつましい庶民にも人生の道をはっきり示します。「その道を歩む者は誰でも、たとえ愚か者でも、道に迷うことはない」（イザヤ三五章八節／英訳聖書）。わたしたちが聖書を調べれば調べるほど、聖書が生ける神のみことばであるとの確信が強められ、人間の理性は天の啓示の威厳の前に屈服するのです。

神は、真摯に探し求める者には、いつでもみことばの真理を示す用意がおありです。「隠された事柄は、我らの神、主のもとにある。しかし、啓示されたことは、我々と我々の子孫のもとにとこしえに託されて（いる）」（申命記二九章二八節）とあります。聖書のある部分が理解できないという考えのために、聖書の最も重要ないくつかの真理が無視されてきました。聖書の神秘は、神が真理を隠そうとしておられるのではなく、人間の弱さと無知が、わたしたちの理解を妨げ、わたしたちを真理にふさわしくない者にしているのです。その事実が強調され、しばしば繰り返される必要があります。理解の限界は神の目的ではなく、わたしたち人間の能力にあるのです。しばしば理解できないものとして見過ごされている聖書のある部分でさえ、神は、わたしたちの知性が受容できる範囲で理解することを望んでおられます。聖書はわたしたちが、「どのような善い業をも行うことができるように」（Ⅱテモテ三章一七節）、「すべて神の霊の導きの下に書かれ（た）」（同一六節）のです。

どんな人間の知性をもってしても、聖書のたった一つの真理、あるいは一つの約束すら完全に理解することはできません。一人の人間は一つの角度から神のご栄光を見、別の人間は別の角度からそれを見るでしょう。しかしわたしたちはなお、その栄光のわずかなひらめきを見ているにすぎないのです。その輝きの全体は、わたしたちの想像を超えたものなのです。

聖書の学びは新たな力を与える

わたしたちが神のみことばのすばらしさについて深く考えるとき、わたしたちの知識は広く、深くされます。その知識の広がりは、わたしたちの前に果てしなく続く海のようです。

このような学びには人を元気づける力があります。精神と心は新たな力といのちに満たされます。この経験こそが、聖書が神によって書かれたことの最大の証拠なのです。わたしたちの体がパンを必要とするように、わたしたちのたましい（霊性）には神のみことばが糧として必要です。パンはわたしたちの体の必要を満たします。わたしたちは経験を通して、パンが血となり、骨となり、脳となることを知っています。

同様のことを聖書にも当てはめることができます。聖書の原則が実際に品性を形づくるとき、どのような結果が生じたでしょうか。その人の人生にどのような変化が起きたでしょうか。「古いものは過ぎ去り、新しいものが生じた」（Ⅱコリント五章一七節）のです。この力によって、人は罪の習慣という鎖を断ち切り、利己主義との縁を切ります。世俗的な者は信心深い者になり、酒浸りの者は酒を断ち、道楽者は高潔な人になります。生まれながら悪魔のような者が、神の御姿に造り変えられます。これこそ奇跡のなかの奇跡です。みことばの働きによる変化は、最も深遠なみことばの神秘の一つです。わたしたちはそれを理解できません。わたしたちにできることは、聖書が明言しているように、それが「あなたがたの内におられるキリスト、栄光の希望」（コロサイ一章二七節）であると信じることだけなのです。

この神秘を知ることは、他のあらゆる神秘を解く鍵となります。この鍵は、たましいに宇宙のあらゆる宝の倉を開き、無限の発達の可能性を与えるのです。

このような発達は、みことばのなかに書かれた神のご品性、すなわちその栄光と神秘を絶えず学ぶことによって得られます。もしわたしたちが、神とそのみことばを完全に理解することができるようになったなら、もはや、さらなる真理の発見も、さらに大いなる知識も、さらなる発達もないでしょう。神は至高者でなくなり、人類の進歩もやむでしょう。しかし、そうでないことを神に感謝します。神は無限のお方であり、あらゆる知識の宝が神のなかにあるので、わたしたちは、永遠にその神秘を探求し続け、学び続けてもなお、神の知恵、神の愛、神の力のすべてを計り知ることは決してできないのです。

第19章

歴史と預言

聖書は現存する最も古く、最も包括的な歴史書です。聖書は永遠の真理という泉から出た新鮮な流れであり、各時代を通して神の御手がその流れを清く保ってきました。聖書は人間の探求が見通すことのできない遠い過去を照らす光です。わたしたちは神のみことばのなかにのみ、地の基を据え、天に大空を架ける力を見るのです。すべての民族の起源についての信頼できる記述が、唯一ここにあります。人間の誇りと偏見によって汚されていない人類の歴史が、唯一ここに記されているのです。

人類史の記録によれば、諸民族の隆盛や諸帝国の興亡は、やがては死ぬべき人間の意思と武勇によって決まってきたかのように見え、歴史的事件の大部分が、人間の権力、野心、あるいは気まぐれによって決まるかのように思われます。しかし、聖書のなかでは歴史を覆う幕が開かれており、人間の利害、権力、熱情のあらゆる駆け引きの背後に、その上に、あるいはそれを通して、あわれみに満ちた神の代理人たちが、そのご意思を黙々と忍耐強く実行しているのが見えます。

聖書は歴史のなかに働く真の原理を明らかにしています。アテネの哲人たちに向けて使徒パウロが語った、他に類を見ない美しさと思いやりに満ちた言葉のなかに、人類の創造と諸民族の分布についての神の目的が示されています。「神は、一人の人からすべての民族を造り出して、地上のいたるところに住まわせ、季節を決め、彼らの居住地の境界をお決めになりました。これは、人に神を求めさせるためであり、また、彼らが探し求めさえすれば、神を見いだすことができるようにということなのです」（使徒言行録一七章二六、二七節）。創造における神の目的は、地上に人を住まわせ、その存在が彼ら自身にとっても、互いにとっても祝福となり、創造主の栄光となることでした。だれでもみな、それを選びさえすれば、この目的に自分を一致させることができるのです。このことについて、聖書は次のように述べています。「わたしはこの民をわたしの栄光のために造った。彼らはわたしの栄誉を語らねばならない」（イザヤ四三章二一節）。

神は、民族と個人の両方にとって、すべての真の繁栄の基礎となる原則を律法のなかに明らかにしておられます。モーセは次のように神の律法についてイスラエルに宣言しました。「あなたたちはそれを忠実に守りなさい。そうすれば、諸国の民にあなたたちの知恵と良識が示され（る）」（申命記四章六節）であろう。このようにしてイスラエルに約束された祝福は、同じ条件で同じ程度に、天の下のすべての民族と個人にも約束されているのです。

国家の支配者に権力をお与えになる唯一のお方

地上の支配者たちが行使する権力は、いずれも天が与えたものであって、彼らの成功は、与えられた権力をどう用いるかにかかっているのです。昔、(預言者ダニエルによって）ネブカドネツァル王に語られた言葉は、わたしたち一人ひとりにとっても教訓となります。「罪を悔いて施しを行い、悪を改めて貧しい人に恵みをお与えになってください。そうすれば、引き続き繁栄されるでしょう」(ダニエル四章二四節)。

これらのことを理解すること、つまり、「王を退け、王を立て……られる」(ダニエル二章二一節）お方の御力の現れのなかにこれらの原則が働いているのを認めること、それが歴史のうちに働く真の原理を理解するということなのです。

このことがはっきり示されているのは、神のみことばのなかにおいてだけです。そこでは、諸民族の力というものは、個々人のそれと同じように、彼らを無敵であるかのように見せる機会や施設にあるのでもなければ、彼らが誇る強大さにあるのでもないことが示されています。それは、彼らが神の目的を実現する忠実さによって測られるのです。

古代バビロン

この真理（原理）の実例を古代バビロンの歴史に見ることができます。「その木は成長してたくましくなり／天に届くほどの高さになり／地の果てからでも見えるまでになった。葉は美しく茂り、実は豊かに実って／すべてを養うに足るほどであった。その木陰に野の獣は宿り／その枝に空の鳥は巣を作り／生き物はみな、この木によって食べ物を得た」（ダニエル四章八、九節）と（預言者ダニエルによって）描かれた巨大な樹木の姿を通して、国家を治める真の目的がネブカドネツァル王に示されました。この巨樹のたとえは、神の目的を実現する政治、国家を守り、発展させる政治の特徴を示しています。

神はこの目的を実現するためにバビロンを高められました。この国が獲得した繁栄は、その富と権力が、いかなる国も並ぶことができないほどのもので、聖書（に預言された像）の「金の頭」（ダニエル二章三八節）にふさわしいものでした。

しかし、ネブカドネツァル王は、彼を高めた権威がどこから来たものであるかを認識できませんでした。彼は心に誇り高ぶって次のように言いました。「なんとバビロンは偉大ではないか。これこそ、このわたしが都として建て、わたしの権力の偉大さ、わたしの威光の尊さを示すものだ」（ダニエル四章二七節）。

バビロンは民を保護する代わりに、傲慢《ごうまん》で無慈悲な圧制者となりました。イスラエルの統治者たちの無慈悲と貪欲を描いている霊感の言葉は、人類史が始まって以来、バビロンや多くのその他の帝国の没落の理由を明らかにしています。「お前たちは……力づくで、過酷に群れを支配した」（エゼキエル三四章四節）。

天からすべてをご覧になるお方は、バビロンの統治者に次のような宣告を下されました。「ネブカドネツァル王よ、お前に告げる。王国はお前から離れた」（ダニエル四章二八節）。

バビロンは国々の中で最も麗しく
カルデア人の誇りであり栄光であったが
神がソドムとゴモラを
覆《くつがえ》されたときのようになる。
（イザヤ一三章一九節）

世界帝国の盛衰

人類史の舞台に登場し、地上にその場所を占めることを許されたいずれの国家も、「聖なる見張り」（ダニエル四章一〇節）である神の目的を実現するかどうかを試されてきました。預言は、世界の偉大な帝国、バビロン、メディアとペルシア、ギリシア、ローマの盛衰を明らかにしています。これらのどの帝国も、弱小な国々と同じ歴史を繰り返しました。どの帝国も試され、どの帝国も失格し、その栄光は陰り、その権力は去り、そしてその地位は他の国によって占められたのです。

これらの国々は神の原則を拒み、そのことによって自ら滅びましたが、それらの国々の動向のすべてに、なおも天の支配的な意図が働いていました。

この教訓は、カルデアの地での捕囚期間に、預言者エゼキエルに与えられた不思議な象徴的啓示のなかで教えられています。その幻は、エゼキエルが悲しい思い出と心配な予感に打ちひしがれていたときに与えられました。彼の父祖たちの土地は荒れ果て、エルサレムは住む人もいなくなっていました。預言者エゼキエル自身、野望と残虐が支配する国で、一人のよそ者でした。どちらを見ても暴虐と不正ばかりで、彼のたましいは苦しみ、彼は昼も夜も嘆き悲しみました。しかし、彼に示された象徴は、地上の統治者たちが持つ権力にまさる権力を明らかにしたのです。

エゼキエルと旋風

ケバル川のほとりで、エゼキエルは北のほうから来たとおぼしきつむじ風を見ました。「わたしが見ていると、北の方から激しい風が大いなる雲を巻き起こし、火を発し、周囲に光を放ちながら吹いてくるではないか。その中、すなわちその火の中には、琥珀《こはく》金の輝きのようなものがあった」（エゼキエル一章四節）。いくつもの車輪が互いに重なり合って、四つの生き物の動きに合わせて動いていました。「生き物の頭上にある大空の上に、サファイアのように見える王座の形をしたものがあり、王座のようなものの上には高く人間のように見える姿をしたものがあった」（同二六節）。「ケルビムには、その翼の下に、人間の手の形が見えていた」（同一〇章八節）。車輪の動きは複雑で、初めは混乱しているように見えましたが、やがて完全に調和して動いていることがわかりました。天の生き物たちは、ケルビムの翼の下の手によって支えられ、導かれながら、それらの車輪を動かしていました。それらの上、サファイアの御座の上には、永遠なるお方がおられ、その御座の周りを天のあわれみの象徴である虹が取り巻いていました。

次々に現れては、それぞれに（天から）割り当てられた時と場所を占めてきた国々の歴史は、わたしたちに語ります。世界の国家の一つひとつに、そこに住む人間の一人ひとりに、神は大いなるご計画における役割を与えておられます。今日、国家も個人も、誤ることのないお方によって測られているのです。だれもが皆、自分の選びによって自分の運命を決めています。そして神は、目的の完結のためにすべてを支配しておられるのです。

「わたしはある」と言われる偉大なお方が、そのみことばのなかで、永遠の過去から永遠の未来にいたる預言の鎖の輪を次から次へとつないでお示しになった歴史は、今日、わたしたちが時代のどこにいるのか、そして来《きた》るべき時代に備えて何をしなければならないかを教えています。現代にいたるまで、預言が起きては過ぎ去ることとしてあらかじめ語っていたすべての出来事を、歴史の一ページ一ページの上にたどることができるのですから、わたしたちはまだ起こっていないすべてのことも、聖書に示された通りの順序で実現すると信じることができます。

大事件の戸口に立って

地上のすべての支配権が最終的に滅亡すると、真理のみことばのなかにはっきりと予告されています。

そのメッセージは、神がイスラエル最後の王に下された宣告のなかに与えられています。「主なる神はこう言われる。頭巾《ずきん》をはずし、冠を取れ。……高い者は低くされ、低い者は高くされる。荒廃、荒廃、荒廃をわたしは都にもたらす。……それは権威を身に帯びた者が到来するまでである。わたしは権威を彼に与える」（エゼキエル二一章三一、三二節）。

イスラエルから取り去られた王冠は、次々と、バビロン、メディアとペルシア、ギリシア、そしてローマ帝国の手に渡りました。神は言われます。「それは権威を身に帯びた者が到来するまでである。わたしは権威を彼に与える」と。

時は迫っています。今日、時のしるしは、わたしたちが大いなる厳粛《げんしゅく》な事件の戸口に立っていることを宣言しています。この世界の何もかもが揺り動かされています。救い主が預言された、彼がおいでになる前に起こる諸事件が、わたしたちの目の前で次々と実現しています。「戦争の騒ぎや戦争のうわさを聞くだろう」（マタイ二四章六節）。「民は民に、国は国に敵対して立ち上がる。そして大きな地震があり、方々に飢饉《ききん》や疫病が起こ……る」（ルカ二一章一〇、一一節）。

現代は、生けるものすべてにとって、圧倒的に重要な意味を持つ時代です。支配者や政治家たち、信任を受けた権威ある地位を占める人々、あらゆる階級の心ある男女は、わたしたちの周囲で起こる事件に関心を寄せています。彼らは諸国間に存在する不穏な緊張関係を注視しています。彼らは地上に起こる事象の一つひとつが、その激烈さを増していくのを見て、何か大きく、決定的に重要なことが起きようとしていること、つまり世界が途方もない危機に瀕していることを認めるのです。

天使たちは今、来るべき運命をこの世に警告し終えるまで、争いの風をとどめています。しかし、嵐はその勢いを増し、地上に吹き荒れようとしています。神が天使たちに命じてその風をとどめる手をゆるめさせるとき、どんなペンをもってしても描くことのできない争いの光景が展開するでしょう。

地球史の最後の光景

聖書は、そして聖書だけが、これらの事柄を正しく見る目を与えます。聖書には、世界の歴史の大いなる最終場面、すでにその影をわたしたちの前に投げかけている出来事が明らかにされています。

「地はそこに住む者のゆえに汚された。彼らが律法を犯し、掟を破り／永遠の契約を棄てたからだ。それゆえ、呪いが地を食い尽くし／そこに住む者は罪を負わねばならなかった」（イザヤ二四章五、六節）。

「わたしは見た。見よ、大地は混沌《こんとん》とし／空には光がなかった。わたしは見た。見よ、山は揺れ動き／すべての丘は震えていた。わたしは見た。見よ、人はうせ／空の鳥はことごとく逃げ去っていた。わたしは見た。見よ、実り豊かな地は荒れ野に変わり／町々はことごとく、主の御前に／主の激しい怒りによって打ち倒されていた」（エレミヤ四章二三〜二六節）。
「さあ、わが民よ、部屋に入れ。戸を堅く閉ざせ。しばらくの間、隠れよ／激しい憤りが過ぎ去るまで」（イザヤ二六章二〇節）。

あなたは主を避けどころとし
と高き神を宿るところとした。
あなたには災難もふりかかることがなく
天幕には疫病も触れることがない。
（詩編九一編九、一〇節）

詩編五〇編一〜四節、ミカ四章一〇〜一二節、エレミヤ三〇章一七、一八節、イザヤ二五章八、九節、三〇章二〇〜二二節、五四章一四節、六〇章一八節も参照

これらの大いなる光景を示された預言者たちは、その意味を知りたいと熱望しました。彼らは、「探求し、注意深く調べました。……自分たちの内におられるキリストの霊が、キリストの苦難とそれに続く栄光についてあらかじめ証しされた際、それがだれを、あるいは、どの時期を指すのか調べたのです。

彼らは、それらのことが、自分たちのためではなく、あなたがたのためであるとの啓示を受けました。それらのことは、天から遣わされた聖霊に導かれて福音をあなたがたに告げ知らせた人たちが、今、あなたがたに告げ知らせており、天使たちも見て確かめたいと願っているものなのです」（Ⅰペトロ一章一〇～一二節）。

これらのやがて来るべき出来事の描写は、その実現が間近に迫った時代に生きるわたしたちにとって、どれほど意義深く、興味深いことでしょう。わたしたちの最初の両親であるアダムとエバがエデンの園から追われて以来、神の子どもたちは、その出来事をひたすら待ちわび、熱望し、祈ってきたのです。

真に価値あるもの

今この時点で、現代の人々は、人類最初の滅亡（大洪水）の前と同じように、この世の楽しみに心を奪われ、目先の満足を追い求めています。彼らには、見えないものや永遠なるものが見えなくなっています。彼らは使えばなくなってしまう物のために、朽ちることのない富を犠牲にしています。彼らの思いは高められ、彼らの人生観は広げられる必要があります。彼らは世俗的な夢という眠りから覚めなければなりません。

聖書に明らかにされているように、彼らは諸国家の盛衰から、単なる外面的で世俗的な栄光がどれほど価値のないものであるかを知る必要があります。当時の人には、不変で揺るぎないものと思われた権力と栄華を極めたバビロン帝国でさえ、あとかたもなく消え去りました。まるで「草花のように」滅びてしまったのです（ヤコブ一章一〇節）。土台を神に置いていないものはすべて消え去ります。ただ神の目的と一致し、神のご品性を表すものだけがいつまでも残るのです。この世が知る限り、神の原則だけが唯一永遠に残るものなのです。

老いも若きも、この大いなる真理を知る必要があります。わたしたちは、国々の歴史のなかに、また来るべき出来事の啓示のなかに、神の目的の働きを研究する必要があります。そうすればわたしたちは、見えるものと見えないものの真の価値を判断し、人生の真の目的を知ることができるでしょう。この地上で神のみ国の原則を学び、その臣民、また市民となるなら、わたしたちは主がおいでになるとき、すでに御国を自分のものとする用意ができているでしょう。

その日は間近です。学ぶべき教訓を学び、なすべき働きをなし、変えられるべき品性を変えていただくために、残された時間はあまりにもわずかです。

「わたしが告げるすべての言葉は、もはや引き延ばされず、実現される、と主なる神は言われる」（エゼキエル一二章二八節）。

第20章

聖書の教えと学び

イエスは、幼い頃も、青年時代も、また成人してからも、聖書を学ばれました。幼い子どもだったイエスは、毎日、母親のひざで預言の書の巻き物を学びました。青年時代には、早朝や夕方のたそがれ時に、彼がひとりで、山のふもとや森の木々の間で静かな祈りの時を過ごし、神のみことばを学んでいる姿が見られました。宣教活動に入られてからも、イエスが聖書のみことばで教え、お答えになられたことは、彼が勤勉に聖書を学んでいた証拠です。そして彼は、わたしたちにもできる方法で学ばれたのですから、イエスの驚くべき知的、霊的能力は、聖書の学びが教育においてどれほど価値あるものであるかを証明しています。

子どもたちを幼い時期から教えなさい

天の父なる神は、みことばをお与えになることにおいても、子どもを軽んじられませんでした。人間が書いたあらゆる文学のなかで、聖書の物語ほど子どもたちの心をつかみ、彼らの興味を呼び覚ますものが他にあるでしょうか。

聖書の単純な物語は、神の偉大な律法の原則をわかりやすく教えています。例話や物語を用いて教えることは、子どもたちがそれらの原則を理解するための最良の方法です。ですから、親や教師は、次のような主の教えについてのご命令を、子どもたちがごく幼い時期から実行するとよいでしょう。「子どもたちに繰り返し教え、家に座っているときも道を歩くときも、寝ているときも起きているときも、これを語り聞かせなさい」(申命記六章七節)。

子どもたちに聖書の教訓を説明し、彼らの記憶に残るように印象づけるために、実物を用いた例話、地図や絵などの教材は良い助けになります。親や教師は、より良い方法をつねに探すべきです。聖書を教えるためには、わたしたちの最も新しい考えと最も良い方法、そして最も熱心な努力が必要です。

聖書の学びへの興味と関心を呼び覚まし、強めることは、家庭礼拝の時間をどう用いるかにかかっています。毎朝毎夕の礼拝は、一日のうちで最も楽しく、生活に役立つ時間にしたいものです。この時間は、家庭の内外の問題に邪魔されたり、いらだちや怒りなどの感情を入り込ませたりしてはなりません。親も子どもも、イエスにお会いするために、そして聖なる天使たちを家庭に迎えるために集まっているのです。礼拝の時間は短く、生き生きとしており、折にかなったもので、時折変化させるべきです。家族全員がそろって聖書を読み、学びましょう。神の律法は繰り返し学ばねばなりません。時には、子どもたちに読む聖句の場所を選ばせると、さらに彼らの興味が増すでしょう。その聖句について彼らに質問し、またわからないことがあれば、質問させなさい。その意味を理解するために良い例話やたとえがあれば、何でも用いなさい。礼拝が長くなりすぎないのであれば、子どもたちにお祈りさせ、また一節だけでも一緒に賛美歌を歌いなさい。

このような本来あるべき家庭礼拝を行うためには、準備に心を用いる必要があります。同時に、親も子どもたちと一緒に、日々聖書を学ぶために時間を割くべきです。家庭礼拝の準備には、間違いなく、努力と計画といくらかの犠牲が求められるでしょう。しかし、その努力は豊かに報いられます。

子どもたちが聖書に興味を持つようになるためには、まずわたしたち親が興味を持たなければなりません。子どもたちが聖書の学びを愛するようにするためには、わたしたちがまず聖書の学びを愛さなければなりません。わたしたちが子どもたちに語る言葉は、わたしたちの模範と熱心さによる影響力の範囲でしか伝わらないのです。

神は、みことばの教師になるようにアブラハムを召し、大いなる民族の父となるように彼を選ばれました。なぜなら、神は、アブラハムが自分の子どもたちや同居の家族を神の律法の原則に従って教えることをご存じであったからです。そして、彼の教えに力を与えていたのは、彼の生き方という感化力でした。彼の大家族は一〇〇〇人以上の人から成っていて、その多くはそれぞれの家族の長であり、新しく異教から改宗した者も少なくありませんでした。このような大家族には、きっぱりとした対応が求められました。弱々しく、優柔不断な方法では不十分でした。

神はアブラハムについて、こう言われました。「わたしは、彼が彼の子供たちと家族に対して、彼に倣う者となるように命じることを知っている」（創世記一八章一九節／欽定訳聖書）。しかし、彼の権威はこのような知恵と愛情を伴っていましたので、家族の心をとらえました。アブラハムの感化力は、家族を越えて周辺の民族にまでも及びました。住居となる天幕が設営されるところにはどこでも、犠牲と礼拝のために祭壇が築かれました。天幕が移動したあとも、そこには祭壇が残り、神のしもベアブラハムの生き方を通して神を知った多くの流浪のカナン人は、祭壇のあるところにとどまって、エホバの神に犠牲をささげたのです。

神のみことばは、今日も、それを教える教師の生き方に忠実に反映されるなら、同じような力を持つものとなるでしょう。

人はみな自分について言い開きをしなければならない

他人が聖書について考えたことや学んだことを聞いて知るだけでは、十分ではありません。さばきの時には、だれもがみな、自分自身について神に言い開きをしなければなりません。ですから、一人ひとりが今、何が真理であるかを個人的に学ばねばならないのです。しかし、効果的な学びのためには、子どもたちの興味を引きつけなければなりません。このことは、性質も、家庭での訓練も、考える習慣も大きく異なる子どもや青年を扱う教師にとって、特に見落としてはならない重要な点です。子どもたちに聖書を教えるにあたって、彼らの心を引きつけているものを観察し、彼らの関心が何にあるかを理解し、それらの事柄について聖書がどう語っているかを調べることに彼らの興味を向けさせるなら、子どもたちも教師も多くのことを得ることができるでしょう。さまざまな能力を持つ存在としてわたしたちを創造されたお方は、みことばのなかに、一人ひとりのために何かを与えておられます。生徒たちが、聖書の教訓はそれぞれの生活に生かすことができることを理解したなら、聖書を彼らのカウンセラー（助言者）とするように教えなさい。

子どもたちが聖書の持つすばらしい美しさを味わうように助けなさい。文学的な価値があるという理由で、真の価値のない多くの本――不健全で子どもたちを興奮させる本――が推奨されたり、あるいは少なくとも、読んでさしつかえないものとされたりしています。わたしたちは、神のみことばというきれいな泉から自由に飲むことができるのに、なぜ子どもたちをわざわざ汚れた流れに連れて行って飲ませるのでしょうか。聖書は豊かで力に満ち、深い意味を持っており、それは尽きることがありません。子どもや青年たちに、聖書のなかにある思想と表現の両方の宝を探すように勧めなさい。

こうした貴いものの美しさが彼らの心を引きつけるとき、彼らの心は、その力に触れて和らげられ、穏やかになります。子どもたちは、ご自分をこのように現された神に引き寄せられます。その時、神の御業と神の示された道についてもっと知りたいと願わない者はいないでしょう。聖書を研究する者たちは、学ぶ者として謙虚な心を持って聖書を開くように教えられねばなりません。わたしたちが聖書を探り調べるのは、自分の意見の正しさを証明するためではなく、神が何と言っておられるかを知るためなのです。

聖書の真の知識は、それを与えられた聖霊の助けによってのみ手に入れることができます。そして、わたしたちがその知識を自分のものとするためには、その知識によって生きなければなりません。わたしたちは、神のみことばが命じるすべてのことに従わなければなりません。わたしたちはその約束のすべてを求めてよいのです。みことばが命じる生き方とは、みことばの力によって生きる生き方です。聖書の学びは、そのように生活に生かされて初めて効果的なものとなるのです。

聖書の学びはわたしたちに、たゆみない努力と忍耐強い思考を要求します。地中の金鉱という宝を求めて鉱夫が熱心に忍耐強く掘り進むように、わたしたちも神のみことばという宝を探し求めなければなりません。

毎日の学びにおいて、聖句を一節ずつ学ぶ方法は、たいていの場合、最も役に立ちます。生徒に一つの聖句を選ばせ、神がそのなかに自分にとってどのような思想を込めておられるのかをはっきり理解するように集中させなさい。そして、その思想が自分のものとなるまで考え続けるのです。このように、その意味がはっきりするまで研究された一つの聖句には、明確な目的や明確な指示のないまま読んだ多くの章よりも、ずっと価値があります。

学んでも何も身につかず、道徳的に弱いことの最大の原因の一つは、価値ある目標に向かって学び続ける集中力の欠如です。わたしたちは世の中に広く書籍が行き渡っていることを自慢しますが、書籍の増加は、書籍自体に害がないとしても、積極的に弊害を生み出しているかもしれません。出版社から絶えず押し寄せる印刷物という膨大な潮の流れにもまれ、老いも若きもみな大急ぎで、うわすべりな読書をする習慣がつき、頭脳は読んだ内容を結びつける活発な思考力を失っています。

さらに、伝染病のように地上に蔓延《まんえん》する雑誌や書籍は、単に平凡でくだらない、人の健全な気力を失わせる内容であるばかりでなく、不潔で下劣なものが多いのです。それらには、単に頭脳を麻痺させ、駄目にするだけでなく、たましいを堕落させ、滅ぼしてしまう影響力があります。怠惰で目的を持たない頭脳と心は、簡単に悪の食い物にされてしまいます。それは病気に犯され、生気のない組織に菌が根を張るのに似ています。怠惰な頭脳こそ、サタンの思う壺なのです。頭脳を高く聖《きよ》い理想に向けなさい。人生に高貴な目標と夢中になれる目的を持ちなさい。そうすれば、悪は戦うための足場を失います。

ですから、青年たちに神のみことばを注意深く学ぶように教えなさい。みことばが心《たましい》の奥深くに受け入れられたとき、それは誘惑に対する強力な防壁となることを証明するでしょう。詩編記者は次のように宣言しています。「わたしは仰せを心に納めています／あなたに対して過ちを犯すことのないように」（詩編一一九編一一節）。「あなたの唇の言葉を守ります。暴力の道を避けて／あなたの道をたどり／一歩一歩、揺らぐことなく進みます」（同一七編四、五節）。

みことばとみことばを比べる

聖書の解説者は、聖書自身です。みことばは、みことばと比べなければなりません。聖書を研究する者はまず、みことばを全体的に眺め、それから部分部分の関係を理解することを学ばねばなりません。彼らはまず、聖書の壮大な中心主題、つまり、この世界に対する創造当初の神の目的、神とサタンの間の大争闘の起源、そして人類救済の働きについて、知識を得なければなりません。支配権を争う二つの原則の本質を理解し、歴史と預言の記録を通して、この二つの原則の働きを、大いなる完結にいたるまでたどることを学ぶべきです。聖書を学ぶ者は、この二つの原則の闘いが人間の経験のあらゆる側面に入り込んでいるということ、人間の生活のあらゆる行為がこの相反する動機のどちらかを表しているということ、そして今この時にも、彼らがこの闘いのどちら側につくのかを決めているのだということを理解しなければなりません。

聖書はどの部分も、すべて神の霊感によって与えられたもので、わたしたちに有益なものです。ですから、わたしたちは旧約聖書に対しても、新約聖書と同じように注意を払うべきです。旧約聖書を注意深く研究するとき、不注意に読むだけでは無味乾燥な砂漠にしか見えないところに、生ける水が湧き出ている泉を発見するでしょう。

ヨハネの黙示録は、特にダニエル書との関連のなかで研究する必要があります。神を畏《おそ》れる教師は、救い主がご自分のしもべヨハネに直接お知らせになった福音、すなわち「イエス・キリストの黙示」（黙示録一章一節）をどうすればより明解に示すことができるのかを考えなければなりません――その福音

（黙示）は、「すぐにも起こるはずのことを、神がその僕たちに示すためにキリストにお与えにな……ったもの」（同）でした。

生徒たちが聖書に対する真の愛に目覚め、聖書が扱う分野がどれほど広く、そのなかにある宝がどれほど貴重であるかを理解し始めると、彼らは自分から神のみことばを知るためのどんな機会も逃すまいと思うようになります。聖書の学びは、特別な場所や時間に制限されません。このようにして続けられる学びは、みことばへの愛を養うための最善の方法です。生徒たちに、つねに聖書を持ち歩くように勧めなさい。機会があるごとに聖句を読ませ、それについて瞑想《めいそう》させなさい。そうすれば、彼らは聖書という真理の宝庫から貴重な思想を自分のものにすることができるでしょう。

心《たましい》を揺さぶる動機となるのは、信仰、希望、そして愛です。正しい聖書研究を追い求めるなら、それは信仰、希望、愛に訴えます。聖書の比喩や表現などの外見の美しさは、そのなかにある真の宝（聖い美しさ）を入れる器のようなものにすぎません。神と共に歩んだ人々の聖書の記録のなかに、神のご栄光を垣間見ることができます。しかしわたしたちは、「なにもかもわたしを魅惑する」（雅歌五章一六節）お方（キリスト）のうちにこそ神を見るのであり、天と地のあらゆる美しさも、神をおぼろげに反映しているにすぎないのです。聖書を学ぶ者たちが救い主を見上げるとき、信仰、賛美、そして愛の神秘的な力がたましいのなかに呼び覚まされます。キリストを見つめ続け、目を離さないでいると、その人は自分が愛し慕っているお方（キリスト）に似た者に成長してゆくのです。

霊感によって書かれた言葉によって心《たましい》のなかに解き放たれた天の平和と喜びの泉は、感化という力強い流れとなって、その流れのおよぶすべての人々の祝福となります。今日の若いクリスチャン、聖書を手にして成長している若者たちが、命を与える聖書のエネルギーを受けられるようにしなさい。そうすれば、祝福の流れがこの世に向かって流れて行くでしょう。

第21章 生理学の学び

頭脳と心（精神）の働きが体を通して表されるのと同じように、知的、霊的な活力は、体の力と活動に大きく影響されます。身体的な健康を増進することは、健全な頭脳とバランスの取れた品性の発達を促進します。心と体が健康でなければ、だれも自分と他者、そして創造主なる神に対する義務をはっきりと理解し、それを十分に果たすことはできません。ですから、そのような心身の健康は、品性と同じように忠実に守られなければなりません。生理学や衛生の知識は、すべての学びの基礎になるべきです。現在（一九〇三年当時）、生理学によって確認された事実は、広く一般に理解されていますが、健康の原則については、警鐘を鳴らさなければならないほど関心が払われていません。健康の原則を知っている人々でさえ、それを実践している人はほとんどいないのです。

若々しい命と活力に満ちた青年たちは、彼らのなかに溢《あふ》れるエネルギーの価値をほとんど理解していません。この若さという宝は、金よりも貴重であり、それは人生を生きるうえで、学歴よりも、地位よりも、あるいは富よりも大切なものであるのに、なんと軽々しく扱われ、なんと軽率に浪費されていることでしょう。富と権力のために健康を犠牲にして懸命に闘い、ほとんど彼らが望む目標に手が届きそうになりながら、健康を害して何もできずに倒れていく多くの人々がいる一方、すぐれた身体的持久力を持っていたために、待ち望んだ賞を手にする者たちがいます。病気を引き起こすような条件に身を置き、健康の法則を無視した結果、多くの若者が悪い習慣に陥り、この世と来る《きた》べき世に対するすべての希望を犠牲にしてきました。

生理学の学びにおいて、生徒たちは体力の価値を知り、人生の大きな困難に勝利するために体力を最大限に生かすには、それをいかに維持し、高めたらよいのか、理解しなければなりません。

健康的に生きることを子どもたちに教えなさい

子どもたちは、単純でわかりやすい方法で生理学と衛生の基礎を学ぶ必要があります。この学びは、母親によって家庭で始まり、学校での学びに忠実に引き継がれなければなりません。この一連の学びは、学年が進むごとに、家庭で実践できるようになるまで続けられるべきです。子どもたちは、各器官の活力を維持することによって病気を防ぐことの重要性を理解しなければなりません。また、一般的な病気やけがについても、その対処の方法を学ぶ必要があります。どの学校も生理学と衛生について教えるべきです。通常、生理学には含まれませんが、注意すべき問題があります。それは、生理学で普通教えられる多くの専門的知識よりも、はるかに重要な価値を持つことです。青年たちは、このような医学的な分野のあらゆる学びの基礎となる原則として、自然界の法則は神の法則であるということを学ばねばなりません。それは、聖書の十戒と同じように、間違いなく神聖なものです。神は、体を造る神経、筋肉、そして繊維の一つひとつに、人の身体組織をつかさどる法則をお定めになりました。不注意によって、あるいは故意にこれらの法則を破ることは、わたしたちを創造された神に対する罪です。

精神が肉体に与える影響は、肉体が精神に与える影響と同じように強調されなければなりません。知的活動によって促進される脳の電気信号は、身体器官全体を活性化し、その結果、病気に対する抵抗力を飛躍的に向上させます。このことをはっきりと教える必要があります。意志の力とセルフコントロール（自制）は、両方とも健康の維持と回復のために重要であり、そのことは強調されるべきです。同じように、怒り、不満、利己心、不純な思いが持つ、抑うつ的で、破壊的でさえあるその影響力についても教えるべきです。反対に、快活さや自分を忘れて他者を助ける精神、そして感謝には、生命を与える驚くべき力があることを忘れてはなりません。

「喜びを抱く心はからだを養うが／霊が沈みこんでいると骨まで枯れる」（箴言一七章二二節）という

聖句には、生理学的真理が含まれています。

体のメカニズムを学ぶうえで、特に注目したいのは、目的に向かって多様な手段が用意されている不思議や、さまざまな器官が互いに依存し合い、調和しながら活動していることです。こうした学びを通して生徒たちの関心が呼び覚まされ、そして体を訓練することの大切さに目が開かれるなら、彼らが適正な発達と正しい習慣を身につけるために、教師はもっと多くのことができます。

正しい姿勢と呼吸

まず初めに心がけるべきことは、座っているとき、そして立っているときの正しい姿勢です。神は人をまっすぐに立つ存在としてお造りになりました。神は、人間が身体的な恩恵だけでなく、知的、道徳的恩恵を受けること、つまり品位と威厳と冷静さ、勇気と自立心を持つようになることを望んでおられます。このような美徳を養う上で、直立した姿勢は大きな助けとなります。この点に関して、教師は実例と言葉で教えるべきです。教師は生徒に正しい姿勢の模範を示し、それをつねに保つように訴えなさい。

正しい姿勢の次に重要なのは、呼吸と発声の訓練です。座ったり立ったりするときに、まっすぐな良い姿勢を保っている人は、そうでない人に比べてより良い呼吸をしていると言えます。しかし教師は、深い呼吸の大切さを生徒に印象づけるべきです。呼吸器官が健全に活動すると、血液の循環を促進し、体全体の組織を活性化します。さらに食欲を刺激し、消化を促し、健全で快い睡眠へと導きます。これは体を回復させるだけでなく、頭脳を静め、落ち着かせます。深い呼吸を練習させ、それが習慣づいたかどうか確かめなさい。

体の発達において発声の訓練は、肺を拡張し、強くし、病気に対する抵抗力を高めるという意味で、重要な位置を占めます。文章の音読や発声を正しく行うためには、複式呼吸をすることによって呼吸が楽になります。のどに不要な力を入れず、腹筋で支えるようにします。このようにして、のどや肺が極度に疲労したり、深刻な病気になったりするのを防ぐことができます。はっきりした発音、なめらかで落ち着いた音質、急ぎすぎない話し方を心がけなさい。これは健康を増進するだけでなく、生徒たちの学びの快適さや効率も高めるでしょう。

衛生に関する学びのなかで、熱心な教師はあらゆる機会をとらえて、個人の習慣においても、身の回りにおいても、徹底した清潔の必要を教えます。毎日の入浴は健康を促進し、頭の働きに良い刺激を与えるということを強調すべきです。日光と換気、そして寝室とキッチンの衛生にも注目したいものです。健康的な寝室、徹底的に掃除の行き届いたキッチン、そして健康的な料理がおいしそうに整えられたテーブルは、どんな高価な家具にもまさって家族の幸せにつながるものであることを、生徒たちに教えなければなりません。「命は食べ物よりも大切であり、体は衣服よりも大切（である）」（ルカ一二章二三節）との教えは、天からの教師であるキリストが最初にお与えになった当時に劣らず、現代にも必要な教訓です。

生理学を学ぶ者は、この学びの目的が、単に事実や原則についての知識を得ることにとどまらないことを覚えておくべきです。それだけではほとんど役立ちません。わたしたちは換気の重要性を理解し、部屋に新鮮な空気を入れるかもしれませんが、その新鮮な空気を肺に正しく満たさない限り、浅い不十分な呼吸の結果に苦しむことになります。これらの健康の原則を教えることにおいて最も重要なのは、生徒の心にそれらの原則の重要性をしっかりと印象づけることです。そうすれば、彼らはそれを誠実に実行するでしょう。

生徒たちに、体は神がお住まいになる宮であり、高尚で高潔な思想が宿るところとして純潔に守らねばならないという思想を印象づけねばなりません。彼らは、生理学を学び、人間が実に「恐ろしい力によって／驚くべきものに造り上げられている」（詩編一三九編一四節）ことを知るとき、敬神の念に心を打たれるでしょう。彼らは神の御手になる体という作品をそこなうことなく、創造主のすばらしい計画を完結するために、できる限りのことをしたいという思いに満たされるでしょう。こうして彼らは、健康の法則に従うことが犠牲や自己否定であるとは考えず、真に測り知れない特権であり、祝福であると考えるようになるのです。

第22章 節制と食事

すべての生徒は、質素な生活と高尚な思考との関係を理解する必要があります。わたしたちの生活が頭によって制御されるか、体によって制御されるかは、わたしたちの選択にゆだねられています。わたしたち一人ひとりの選択が人生を形づくるのです。そして、わたしたちが対処しなければならないさまざまな力や、品性と運命を形づくる影響力を理解するために、労を惜しむべきではありません。

不節制は、わたしたちが守るべきすべてのものの敵です。だれもがみな、急速に増大するこの恐ろしい悪と闘わねばならないことを知る必要があります。節制の原則は、すべての学校、すべての家庭で教えられなければなりません。青年たちは、アルコールやたばこ、そして体を蝕《むしば》み、知性を曇らせ、精神を堕落させる毒物の影響を理解する必要があります。このようなものを使用すれば、身体的、知的、道徳的能力を長期間にわたって十分に働かせることができないことを、はっきり知らなければなりません。

しかし、不節制の根を見つけるためには、アルコールやたばこの使用よりもっと深いところを探らなければなりません。怠惰、好ましくない交友関係、あるいは目標を見失っている状態が、誘発因子なのかもしれないのです。しばしばその原因は、厳格に節制していると思っている家庭の食卓の上にあったりします。何であれ、消化を妨げるもの、過度に頭を興奮させるもの、あるいは身体機能を弱めるもの、頭と体のバランスを乱すもの、体をコントロールする頭の力を弱めるものが、結果として不節制に向かわせるのです。将来を期待される多くの青年たちが、不健康な食習慣によって生じる不自然な食欲によって人生の道を踏み外しています。

お茶やコーヒー、香辛料、甘いお菓子やケーキなどの焼き菓子はみな、消化不良を引き起こす原因になります。肉類も有害です。肉自体が元来持つ（精神に与える）刺激性だけでも、肉を食べることに反対する十分な理由になりますが、ほとんどすべての（食用の）動物に蔓延している病気は、重ねて肉を食べる危険性を提起しています。肉を食べると神経が高ぶり、情欲が興奮する傾向があり、そのために、低級な性質（体の欲求）がより支配的になります。

濃厚で刺激的な食べ物に慣れると、胃は次第に単純な食べ物に満足できなくなります。そして、もっと味の濃い、辛い、刺激の強い食べ物を求めるようになります。神経が混乱し、身体機能が弱められると、意思は不自然な渇望に抵抗する力を失います。胃の内側を覆っている敏感な粘膜は、際限のない強い刺激を受け続け、炎症を起こすまでになります。このような刺激への渇きは、やがて強い酒によってしか癒やせないものになります。

警戒すべきは悪の芽です。青年たちに、正しいことから外れた、見た目には小さなことがおよぼす影響をはっきり教える必要があります。生徒たちに、不自然な刺激を求めさせるのを予防する単純で健康的な食べ物の価値を教えなさい。人生の早い時期に自制の習慣を養わせなさい。青年たちの心に、（渇望の）奴隷とならず、主人にならねばならないという思想を印象づけなさい。神は彼らを、内なる王国を治める者となるようにお造りになったのです。彼らは天から与えられた王の身分にふさわしい者とならなければなりません。このような教えを忠実に与えるなら、その結果は、教えを受けた生徒を越えて広がり、その影響力は、滅びのふちにいる何千という人々にまで届いて彼らを救うでしょう。

食事と知的な発達

食事と知的発達との関係には、従来よりもはるかに多くの注意が払われる必要があります。精神の混乱や鈍さは、しばしば食習慣の誤りから来ています。

従来は、何を食べるべきかを判断する際、食欲が安全な基準であると力説されてきました。今まで健康の原則につねに従っていたのなら、それは正しいかもしれません。しかし、間違った食習慣によって、何世代にもわたって食欲があまりにゆがめられ、ある種の有害な満足を絶えず渇望するようになっているとすれば、食欲という基準はもはや信用に足るものではありません。

衛生の学びにおいて、生徒たちはさまざまな食品の栄養価について学ぶ必要があります。濃縮された刺激の強い食品や、栄養が不足した食べ物の影響が明らかにされるべきです。お茶やコーヒー、精白した小麦粉を使ったパン、酢漬け、粗悪な野菜、キャンディー、香辛料、ケーキなどの焼き菓子からは、適切な栄養素を摂ることができません。このような食品を食べ続けた結果、健康をそこねた生徒たちがたくさんいます。心身の活力に乏しい多くの発育不全の子どもたちは、栄養の不足した粗末な食事の犠牲者です。バランスの取れた組み合わせで摂る穀類、くだもの、ナッツ、野菜には、すべての栄養素が含まれています。これらを適切に調理すれば、それは身体的、知的両面の能力を増進するのに最高の栄養素を含む食べ物となるでしょう。

食べ物の性質だけでなく、それを食べる人との相性も考える必要があります。通常、身体労働に従事している人なら、自由に食べてもさしつかえない食べ物でも、おもに知的な労働をする人は避けなければならないものがあります。また、正しい食べ方にも注意が必要です。頭を使って、座って仕事をする人は、一度の食事に多くの種類の食べ物でなく、数種類の食べ物を摂るべきです。

どんなに健康に良い食べ物でも、食べすぎには注意が必要です。自然がさまざまな体の器官を造り上げるのに必要とする以上の量は、身体組織の妨げになります。多くの生徒が勉強のしすぎのために健康を害していると思われがちですが、実際には過食が原因であることが多いのです。健康の原則に適正な注意が払われるなら、知的な負荷には、ほとんど危険な要素はありません。いわゆる集中力の衰えは、多くの場合、いっぱいになった胃が体を疲れさせ、頭脳の働きを弱めるからです。

多くの場合、一日に三回よりも二回の食事のほうが望ましいでしょう。早い夕食は、前の食事の消化を妨げます。夕食が遅いと、食べた物を就寝までに消化することができません。こうして、胃は十分な休みを確保することができず、さらに睡眠は妨げられ、脳と神経は疲れ、そして朝食時の食欲は減退します。身体全体の組織が十分に回復せず、その日の仕事に備えることができません。

規則正しい食事と睡眠の重要性は見過ごされてはいけません。体を造り上げる働きは、体が休息している時間に行われるので、休息は重要です。特に若いうちは、規則的で十分な睡眠が必要です。

可能な限り、急いで食べることも避けなければなりません。ゆっくり食べる時間がないなら、食べる量を減らしましょう。適正な咀嚼《そしゃく》をせずに食べるよりは、食事を抜くほうがよいくらいです。

食事の時間はリラックスした楽しい交わりの時間にするべきです。日頃の重荷や心をいらだたせる話題は、持ち込まないようにしましょう。信頼と親切、そしてすべての物を与えてくださる神への感謝を心に抱くなら、会話はおのずと明るくなり、天へと引き上げる楽しい思いが溢れ出て、疲れを忘れさせてくれるでしょう。

すべてのことにおいて、節制と規則正しい生活習慣を身につけることには、驚くべき力があります。これらのものには、環境や生まれつきの性質よりも健康を増進する力があり、こうした良い習慣によって生まれる親切心や落ち着いた性質は、人生という道を平らかにするのに大いに貢献するでしょう。同時に、こうして身についた自制心は、すべての人を待ち受けている厳しい責務や現実としっかりと向き合うために、最も価値あるものとなるでしょう。

知恵の「道は喜ばしく／平和のうちにたどって行くことができる」（箴言三章一七節）。この国の青年たちの前には、冠を戴《いただ》いた王よりも高貴な運命を担う可能性が広がっているのですから、賢者ソロモンの次の知恵の言葉を彼らに深く考えさせなければなりません。「いかに幸いなことか／王が……しかるべきときに食事をし／決して酔わず、力に満ちている国よ」（コヘレト一〇章一七節）。

第23章 レクリエーション

レクリエーションと娯楽（気晴らし）は異なります。レクリエーションとは、"re-creation"という英語が示すように「再創造」を意味し、（健康や体力を）強くし、増進するものです。レクリエーションとは、頭と体の元気を回復することによって新たな活力を得、わたしたちが再び人生の誠実な働きへ戻ることができるようにすることです。一方、娯楽や気晴らしは、楽しみを追い求めるあまり、度を越すことが多く、その結果、有用な働きに用いるべき体力を消耗させ、人生の真の成功の妨げとなります。

身体は、（神によって）活動するようにデザインされています。活動的な運動によって身体的な力が健康な状態に維持されなければ、知的な力はもはやその最高の力を発揮することができません。教室での不活動な学習は、ほとんど仕方のないことのように思えます。、それに他の不健康な条件が重なって、子どもたち、特に体力が十分でない弱い子どもたちにとって、教室は過酷な場所になっています。多くの場合、換気が不十分です。形状の良くない椅子は不自然な姿勢を助長し、そのために肺と心臓が圧迫されます。このような場所で、幼い子どもたちは一日に三時間から五時間も過ごし、病原菌で汚れているかもしれない空気を吸い続けるのです。このような教室環境が、一生続くような病気の原因になるとしても不思議ではありません。

脳は、身体器官のなかでも最もデリケートな臓器であり、そこから体全体の神経エネルギーが引き出されるため、最も深刻な損傷を受けます。年齢にふさわしくない活動や過度の活動が、そのような不健康な条件下で強いられるとき、脳は弱められ、その影響はしばしば生涯にわたって続きます。

子どもたちを長時間室内に閉じ込めておくことは、よいことではありません。また、体の発達の基礎が形成されるまで、彼らに勉強ばかりさせることは避けるべきです。子どもたちが八歳から一〇歳ぐらいになるまでは、野原や庭が最高の教室であり、母親が最高の教師であり、自然が最高の教科書なのです*。学校に通う年齢になってからでも、彼らの健康は、本からの知識よりも大切なものと考えられなければなりません。子どもたちを取り巻く環境は、身体的にも知的にも、彼らの成長に最も適したものでなければなりません。

新鮮な空気と運動が不足しているのは、子どもたちだけではありません。初等教育の学校だけでなく、中等教育や高等教育の学校においても、これらの健康にとって欠かせないものがあまりにも軽視されています。多くの学生たちは、来る日も来る日も、換気の悪い部屋で本の上に背中を丸め、胸をすぼめているので、胸いっぱいに息を吸うことができません。血液の流れは停滞し、足は冷え、頭はほてったままです。体に十分な栄養が行き届かず、筋肉は弱り、体全体の機能は力を失って病気がちになります。そのような学生たちは、しばしば生涯ずっと病弱です。もし彼らが適切な環境で学び、屋外で日光を浴び、新鮮な空気を吸って定期的に運動をしていたなら、知的な能力と同じように身体的な能力も増進され、学び舎《や》を巣立っていたことでしょう。

運動の価値

時間的にも経済的にも限られたなかで学びを続けている学生たちは、運動のために費やす時間が決して無駄ではないことを理解する必要があります。長時間読書に集中していると、やがて新鮮な思考力は失われます。体の発達にも適切な注意を払う人は、自分の時間のすべてを勉強にささげた人よりも、知識の面でより大きな成果をあげることができるでしょう。

身体的な不活動は、知的な力だけでなく、道徳的な力も弱めます。体全体の組織につながっている脳の神経は、天が人とつながる媒体であり、生命の奥深くにまで影響をおよぼします。この神経組織に伝わる電気信号の流れを妨げるものは何であれ、生命力を弱め、知的感受性を鈍くし、さらには人の道徳的な性質を呼び覚ますのをより困難にします。

再度述べますが、行きすぎた勉強は、脳への血液の流れを増加させ、自制心を弱める傾向のある病的な興奮状態を生み出します。こうして、不純への扉が開かれます。体が持つ力を誤用したり、まったく使用しなかったりすることは、世界中に広がる堕落という潮流を生み出す大きな原因になっているのです。「高慢で、食物に飽き安閑と暮らして」（エゼキエル一六章四九節）いる状態は、ソドムを滅びへと導いたときと同じように、現代においても、人類の進歩にとって極めて有害な敵です。

教師はこのようなことを理解し、運動の価値を子どもたちに教えなければなりません。生徒たちに、正しい生活は正しい思考の上にあり、身体的な活動は、思考の純潔を守るために必要不可欠であることを教えなければなりません。

運動競技に関する心配

生徒たちにふさわしいレクリエーションの問題は、しばしば教師の頭を悩ませる問題です。多くの学校で、体操競技は有益なものとして取り入れられていますが、注意深く監督しないと、しばしば行きすぎに陥る危険があります。より難度の高い技に挑戦し、生涯回復できない障害を負う場合も少なくありません。

体育館での運動は、どんなによく指導と管理がなされても、屋外での運動の代わりにはなりえないので、学校はより良い運動の環境と機会を提供すべきです。生徒たちは活発な運動をするべきですが、競技スポーツが生徒たちの学校生活とその後の人生での成功におよぼす影響を考えるとき、それは教師にとって悩ましい問題です。競技や試合のためにあまりに多くの時間が費やされると、生徒たちの心は勉強からそらされます。このような競技や試合は、人生における実践的で誠実な働きのために青年たちを準備させる助けとはなりません。多くの場合、それらの影響は青年たちを高尚さや寛大さへは向かわせません。

フットボールやボクシングなど、最も人気のある娯楽のなかには、野蛮な行為の学校となっているものがあります。それらは、古代ローマの競技が助長していたのと同じ性質を助長しています。勝つことへの執着、単に粗暴なだけの力に対する誇り、生命を軽視する無慈悲さなどが、青年たちを恐ろしい道徳的腐敗へと駆り立てています。

その他の運動競技はそれほど野蛮でないにしても、行きすぎに陥りやすいという点では、同じくらいに好ましくありません。運動競技は一時的な楽しみや興奮を好む心を刺激し、生活を支える労働を嫌う気持ち、人生の実際的な仕事や責任を避ける性質を助長します。

それらはまた、人生のつましい現実や静かな喜びといった味わいを台なしにしがちです。こうして、恐ろしい結果を伴う放蕩《ほうとう》や無法に対しても、心の扉が開かれるのです。

一般的に行われている享楽的なパーティーも、心や品性の真の成長を妨げます。うわついた交際や、浪費や享楽が習慣となり、放蕩にいたり、こうして一生を悪に染めるのです。親や教師は、このような娯楽の代わりに、生命を回復させる健全な気分転換の方法を提供するために、もっと多くのことができるはずです。

聖書は、人の幸福に関することと同様、レクリエーションについても、その正しい方法を示しています。人類史創世の時代には、人々は神の導きのもとにあって、その暮らしは単純なものでした。彼らは大自然のふところ近くに暮らしていました。子どもたちは親の仕事を分担し、自然界という宝庫からその美しさと不思議を学びました。野原や森の静寂のなかで、彼らは聖なる預かり物として親から子へ代々受け継がれてきた大いなる真理に思いをめぐらせました。このような訓練が強い人間を生み出したのです。

現代の生活は人工的なものに溢れ、人間は退歩しています。わたしたちはもう、人類創世時代の単純な生き方にすっかり戻ることはできません。しかし、わたしたちのレクリエーションをその名が意味するとおりの、身体《からだ》と頭脳《あたま》と精神《こころ》を真に発達させる時間とするために、当時の生き方から教訓を学ぶことができます。

家庭や学校を取り囲む環境は、レクリエーションの問題と密接な関係があります。家を選び、学校をどこに建てるかを考える際には、周囲の環境を十分に考慮する必要があります。経済よりも、あるいは社会の要求や慣習よりも、子どもたちのこころと体の幸福のほうが大切だと考える親は、まず子どもたちが自然界から学び、自然のなかでレクリエーションを楽しめるように力を尽くすべきです。すべての学校が、耕す土地とすぐに野原や森に出かけることのできる環境を生徒たちに提供できるなら、それは教育の働きにとってすばらしい助けとなることでしょう。

生徒のレクリエーションを考えるとき、その最高の効果を上げるためには、教師の個人的な協力が必要です。真の教師にとって、自ら生徒たちと共に交わることほど貴重な贈り物を彼らに与えることはできません。わたしたちおとなも、同じ体験を通して触れ合い、共感することによってのみ、互いを理解することができるとすれば、青年たちや子どもたちにとってはなおさらです。最も効果的に役立つためには、まず理解する必要があります。教師と生徒の間の共感という心の絆を強めるために、教室の外で楽しく交わることにまさる経験は他にありません。ある学校では、教師がいつも子どもたちと共にレクリエーションの時間を過ごしていますが、このような実践がもっと広く、多くの学校でなされるなら、どんなにすばらしいことでしょう。それに伴う犠牲は大きいかもしれませんが、教師は豊かな報いを得るでしょう。

子どもや青年たちが人の役に立つようにするレクリエーションほど、彼らにとって大きな祝福となるものはないでしょう。本来、子どもというものは、何かに夢中になりやすく、感受性が強く、提案にすぐ応えるところがあります。ガーデニング（植栽）を計画することで、教師は教室の内外の美化に生徒の関心を向けさせなさい。この計画には二重の利点があります。生徒たちが校内の美化に取り組むようになると、彼らは、自分たちがきれいにした場所を傷つけられたり、汚されたりすることを望まないでしょう。美的感覚、秩序を愛する心、世話をする習慣が助長されます。さらに、そのような活動を通して養われた仲間意識や協力の精神は、一生の宝となるでしょう。

生徒たちに、野外というすてきな場所に出ることのできない人たちがいることを覚えさせ、彼らと自然界の美しいものを分かち合うように勧めるなら、生徒たちは、庭仕事をすることや、野原や森へ出かけることに、新たな興味を持つようになるかもしれません。

注意深い教師は、機会をとらえては、生徒たちが人助けをするように導くでしょう。特に幼い子どもたちは、教師に対して絶対の信頼と尊敬を寄せています。ですから、どんな方法であれ、家庭でのお手伝いや日々の与えられた務めを忠実に果たすこと、また、病気の人や困っている人に親切にすることを教師が助言するなら、実を結ばないことはありえません。こうした教えにもまた二重の利点が約束されています。こうした適切な助言は、それを与えた教師のもとに（祝福となって）戻って来るのです。生徒の親たちの感謝と協力は、教師たちの重荷を軽くし、その道を明るく照らすでしょう。

レクリエーションや体の運動のために時間を割くことは、時に学校の正規のカリキュラムを圧迫することがあるのは確かです。しかし、そのような問題は、真の障害にはなりません。そうやって費やされた時間と労力は、心身が活気づき、人のために尽くす精神が養われ、共通の関心と親しい交わりという絆によって子どもと教師が結ばれることで、一〇〇倍になって戻ってくるでしょう。しばしば危険の原因となる、若者の休むことを知らないエネルギーのための価値あるはけ口も与えられます。悪から身を守るために、良いことで心をいっぱいにしておくことは、数えきれないほどの規則や規律という防壁よりも価値があるのです。

＊著者が本書を執筆した一九世紀アメリカの文化を踏まえての記述です。

第24章 体を使って働く訓練

　世界が創造されたとき、働くことは祝福として与えられました。それは能力の開発、活力、幸福を意味したのです。罪ののろいによって地上の状態が変化すると、働くことにも変化が生じ、今や働くことには心配と疲労と苦痛が伴うようになりました。しかし、それでも依然として、働くことは幸福と能力の開発の源であり、それは誘惑から人を守るものです。働くことに伴う訓練は放縦へのブレーキとなり、勤勉、純潔、そして堅固な意思を助長します。ですから、額に汗して働くことは、罪のために堕落した人間を回復させるための、神の大いなる計画の一部なのです。

　青年たちが働くことの真の意義を理解するように導かねばなりません。神は休みなく働いておられます。自然界のすべてのものも、それぞれに割り当てられた働きをしています。創造されたものはすべて活動しており、わたしたちもまた、与えられた使命を完結するために活動しなければなりません。

　わたしたちは神の計画に従って働くのです。神はわたしたちに、地とそこにある宝をお与えになっていますが、わたしたちはそれらをわたしたちの必要に合わせて作り変えなければなりません。神は木々を生長させられますが、人はそれを木材に加工して家を建てます。神は地中に金や銀、鉄や石炭を隠しておられますが、人は働くことによってのみそれらを手にすることができます。

神はすべてのものを創造し、それらを支配しておられますが、まったく同じでないにせよ、わたしたちにもその力の幾分かをお与えになっておられることを、わたしたちは青年たちに理解させなければなりません。わたしたちには自然界に働く力をある程度支配する力が与えられています。神が混沌《こんとん》のなかから美しい地球を生み出されたように、わたしたち人間も混乱のなかから秩序と美を生み出すことができます。すべてのものは今、罪のためにそこなわれているとはいえ、なおわたしたちは与えられた働きを成し遂げることによって、(創造の時に)神が美しい地を見て「極めて良い」と仰せになったときの喜びに近い喜びを味わうことができるのです。

通常、青年たちにとって体を動かす最も有益な活動は、役に立つ仕事をすることのなかに見いだされます。幼い子どもたちにとって気分転換と体の発達は、遊びのなかに見いだされるので、彼らにとっての運動は、身体的《からだ》にだけでなく、知的《あたま》にも霊的《こころ》にも成長を促進するものでなければなりません。最も良いレクリエーションは、人の役に立つ活動のなかに見いだされます。青年たちが人の役に立つ訓練を受け、人生の重荷を負うことを教えられるなら、それは心と品性の成長にとって最も効果的です。

人生とは、熱心に働き、責任を負い、人のお世話をすることであるということを青年たちに教えなければなりません。実際にいざというときに役に立つ人材として彼らを訓練する必要があります。秩序だった、規則正しい労働という訓練は、人生の浮き沈みを乗り越えるために欠かせないだけでなく、全人的な発達の助けとなるものであることを青年たちに教えなければなりません。

このように、体を使って働くことの重要性についてはよく言われ、また書かれているにもかかわらず、世間には肉体労働を恥ずかしいものと感じる風潮があります。若い男子は、教師、事務員、商売人、医師、弁護士、あるいは、肉体労働を伴わないその他の仕事に就きたがります。若い女子は、家事を避けて他の仕事に就くための教育を求めます。このような青年たちは、誠実に骨折って働くことによって、だれも品位を貶《おとし》められはしないことを知る必要があります。人の品位を貶めるものは、怠惰や身勝手な依頼心です。怠惰は放縦へと増長し、その結果、生活は空しく無益なものとなり、あらゆる悪の温床となるのです。「土地は、度々その上に降る雨を吸い込んで、耕す人々に役立つ農作物をもたらすなら、神の祝福を受けます。しかし、茨やあざみを生えさせると、役に立たなくなり、やがて呪われ、ついには焼かれてしまいます」(ヘブライ六章七、八節)。

生徒たちが時間を費やす科目の多くは、人生に役立ち、人を幸福にするものではありません。青年は一人ひとり、自分に与えられた日々の義務については完璧に知るべきです。場合によっては、若い女性が外国語の知識や代数、あるいはピアノを弾くことも知らないで済ますことはできます。しかし、家事に関する仕事をきちんとこなすために学ぶことは、必要不可欠です。多くの場合、人生の幸福は、ありふれた義務を忠実に果たすことと結びついているのです。

男性にも、女性にも、家庭を治めるうえで役割があります。ですから、男子も女子と同じように家庭内の義務を果たすための知識を身につけるべきです。ベッドを整え、部屋を整頓すること、皿洗いや食事を準備すること、衣類を洗濯し、ほころびを縫うこと、こういった仕事は男子にふさわしくない訓練だと考えるべきではありません。それは男子をより幸福に、より役に立つ人にするでしょう。同じように女子も、熊手や鍬《くわ》、鋸《のこぎり》や金づちの使い方を覚えるなら、いざという時にもより適切に対処できるでしょう。

神は働く者を尊ばれる

子どもや青年たちは、神が日々額に汗して働く人の働きをどのように重んじておられるかを、聖書から学ぶ必要があります。彼らに、「預言者の仲間たち」(列王記下六章一節)、つまり預言者の学校の生徒たちが家を建てていたとき、神が彼らのために、借りていた斧《おの》を取り戻す奇跡を行われたエピソードを読んで聞かせなさい。青年たちに、大工職人であられたイエスやテント職人であったパウロのことを聖書から読み聞かせ、そうした職人としての労働が最高の宣教と結びつき、人と天を一つにしたことを学ばせなさい。一人の少年が持っていた五つのパンが、イエスによって大群衆に食べさせるという驚くべき奇跡のために用いられた話や、貧しい人たちのために衣類を作り続けられるように、死から呼び戻された裁縫上手な女性ドルカスの話、あるいは、箴言に描かれている、「羊毛と亜麻を求め／手ずから望みどおりのものを仕立て」、「一族には食べ物を供し／召し使いの女たちには指図を与え」、「ぶどう畑をひら（き）」、「腕を強く（し）」、「貧しい人には手を開き、乏しい人には手を伸べ」、「一族の様子によく目を配り／怠惰のパンを食べることはない」賢い女性についての話を読ませなさい（箴言三一章一三、一五～一七、二〇、二七節）。

神はそのような人について、「主を畏れる女こそ、たたえられる。彼女にその手の実りを報いよ。その業を町の城門でたたえよ」（箴言三一章三〇、三一節）と言われます。

すべての子どもにとって、最初の職業訓練学校は家庭であるべきです。そして可能な限り、体を使って働くための施設がすべての学校に必要です。こうした訓練は、体育館のニーズのほとんどに取って代わり、加えてさらにさまざまな訓練の機会を生み出します。

体を使って働くことは、従来注目されてきたより、はるかにもっと注目に価します。すべての学校は、最高の知的、道徳的訓練だけでなく、体の発達と実際的な職業訓練のために、可能な限り、最高の設備を提供するべきです。家庭の経済、健康的な料理、裁縫、衣服の仕立て、病人の手当てといった分野だけでなく、最も有用な多くの職業教育も与える必要があります。農場、技術系科目のための作業棟、保健室も備えられ、すべての分野の教育は、熟練した教師の指導のもとでなされなければなりません。

こうした働きは、明確な目標のもと、徹底してなされるべきです。生徒それぞれが、さまざまな手仕事についてある程度の知識を必要としていますが、だれもが少なくとも一つの手仕事に熟達しなければなりません。すべての青年が、必要とあれば、それで生計を立てることのできる商売なり、職業なりの知識を身につけて卒業するべきです。

学校における職業訓練に対して最もよく見られる反対意見は、それにかかる大きな経費と出費の問題です。しかし職業訓練教育には、それだけの費用をかける価値があります。わたしたちにゆだねられた働きのなかで、青年の訓練ほど重要な働きは他にありません。これを適切に達成するためにかかる経費は、正しく用いられた資金と考えるべきです。

経済的な収支の面から見ても、体を使って働くための訓練にかかる費用は、真の意味において最も経済的であることが立証されるでしょう。農場や技術系科目のための作業棟、水治療法のための施設にかかる出費は、病院や少年院にかかる出費を節約して、なお余りがあるでしょう。さらに、勤勉の習慣を身につけ、社会に有用で生産的な労働に熟練した青年たち自身の価値は、社会や国家にとって、どれほど大きいことでしょう。

野外の新鮮な空気のなかでする仕事や体全体を使ってする活動は、勉強から解放され、リラックスするために最も有効な手段です。この意味において、体を使う職業訓練のなかで、農業より価値あるものは他にありません。聖書も農業について多くを語っています。すなわち、地を耕すことは人類に与えられた神の計画であり、全世界を治める者であった最初の人（アダム）は、耕作するための農場が与えられていたのです。世界の優れた偉人たちのなかで、真に高潔な人物の多くは、土に触れる仕事をしていました。土を耕していたそれらの人々について、聖書は次のように宣言しています。「これは彼の神が正しく、彼を導き教えられるからである」（イザヤ二八章二六節／口語訳）。「いちじくの木を守る者はその実を食べる」（箴言二七章一八節／口語訳）。

農業の学びにおいては、生徒たちに理論を教えるだけでなく、実習を通して学ばせる必要があります。生徒たちは、科学が土の性質と土づくりについて、さまざまな作物の価値について、また最良の生産方法について、どのように説明しているかについて知るだけでなく、そうした知識を実際に用いなければなりません。教師は生徒たちと共に働き、熟練した合理的な努力によって、どんな成果があげられるかを体験させるべきです。このようにして、彼らのなかに純粋な興味と、最善を尽くして働く意欲が呼び覚まされるのです。このような意欲は、体を動かすこと、日光、新鮮な空気などの心身を爽快《そうかい》にする効果と共に、農業という仕事への愛着を生み出し、多くの青年たちが農業を自分の職業として選ぶようになるでしょう。

知的職業に必要な実際の訓練

知的職業に従事する人々にとっても、体を使った実際の訓練は、大きな意味を持ちます。彼らは優秀な頭脳を持っているかもしれません。知識をすばやく習得できるかもしれません。彼らの知識と技能は、彼らが選んだ職業に就くための資質と言えるかもしれません。しかし、それでも彼らには、その職務を十分に果たすために、なお足りないものがあるのです。おもに本から学んだ知識は、得てして人を表面的な思考に陥らせる危険があります。体を使って実際の仕事を経験して初めて、物事をよく観察し、自分の頭で考える習慣が身につくものです。このように体を使った実際的な訓練が正しく行われれば、それは、わたしたちが常識と呼ぶ実際的な知恵を育み、計画・実行する能力を発達させ、勇気と忍耐力を強め、さらに気転を働かせ、技能を生かす場となるでしょう。

病室での実際の働きを通して専門的な知識の基礎を築いた医師は、すばやい洞察力、幅広い知識、そして緊急の場合に必要な処置を施す能力を備えています。こうした医師にとって不可欠な資質はすべて、実際の訓練によってのみ習得されるものです。

牧師、宣教師、教師は、日々の生活に必要な実際的な知識や技能を持っていることを実証するとき、人々に対する彼らの影響力が飛躍的に大きくなるでしょう。

教育を身につけるうえで、多くの生徒たちにとって、おそらく自活するすべを身につけることが最も価値のある学びと言えるでしょう。青年たちは、借金をしたり、親の犠牲に頼ったりせず、自分自身の力で生きていくべきです。そのような経験を通して、彼らは金銭の大切さを知り、時間、強み、機会の大切さを知ることによって、無為に時を過ごす誘惑と浪費ぐせの誘惑がはるかに小さくなるでしょう。こうして、経済観念、勤勉、自己否定、実際的な事業経営、そして目的に向かってたゆまず努力することを学び、それらが身につくなら、それらは人生の戦いに対する最も重要な準備の一部となるでしょう。

教育とは、人生の望まない仕事や重荷から逃げる方法を教えることではなく、その目的は、より良い方法とより高い目標を教えることによって、そのような仕事の重荷を軽くすることであることを青年たちに印象づけなければなりません。人生の真の目的は、自分のために最大の利益を手に入れることではなく、この世の働きにおいて自分の役割を果たし、弱い立場の人々や十分な学びの機会を持たなかった人々に助けの手を差し伸べることによって、創造主なる神に栄光を帰すことであることを青年たちに教えなければなりません。

社会で体を使う働きが軽視される最大の原因は、それがしばしば、ずさんな仕方、頭を使わない仕方で行われることにあります。また、そのような仕事は、自発的になされるのではなく、必要に迫られてなされています。その労働者は、心を込めてそれをせず、自分に誇りを持つことも、人から尊敬を勝ち得ることもありません。体を使う訓練は、このような誤りを正すものです。それは、仕事を正確に、完全に仕上げる習慣を育成するものでなければなりません。生徒は気転と手順を学び、時間を節約し、一つひとつの作業を大切にすることを学ばねばなりません。彼らに最良の方法を教えるだけでなく、つねにより良い方法を求めて改善する熱意を吹き込む必要があります。

このような訓練によって、青年たちは労働の奴隷となることなく、かえって労働の主人となるでしょう。それは、懸命に働く多くの労働者たちの重荷を軽くし、最もいやしいとされる仕事でさえ、気高いものにします。働くことを単なる骨折り仕事だと考え、ひとりよがりの無知のなかにあぐらをかき、改善のための努力を何もしない者にとって、働くことは本当に重荷となるでしょう。しかし、最もいやしいとされる仕事においても熟練を目指す者は、そのなかに気高さと美を見いだし、さらに、忠実に効率良く仕事をすることのなかに喜びを得るのです。

第25章 教育と品性

真の教育は、科学的な知識や文学的な教養の価値を軽視しません。しかし真の教育は、このような知識や情報よりも、人間の能力に、能力よりも人の善意に、すなわち、知的な情報よりも品性に価値を置きます。世界（社会）は、偉大な知性を持った人物を、気高い品性を備えた人物ほどには必要としていません。世界は、揺るぎない原則によって能力を正しく用いることのできる人物を必要としているのです。

「知恵の初めとして／知恵を獲得せよ」（箴言四章七節）。「知恵ある人の舌は知識を明らかに示……す」（同一五章二節）。真の教育はこのような知恵を与えます。それは、単にわたしたちの能力や知識のどれか一つではなく、すべてを最善に用いる知恵を授けるのです。このように真の教育は、わたしたち自身と、世界と、神に対する義務のあらゆる領域に及びます。

品性の形成は、これまで人間にゆだねられた最も重要な働きであり、今ほどこれについて熱心に学ぶことが求められた時代はありません。かつて、これほど重大な問題に直面させられた世代はなく、今日のように、青年たちが大きな危機に直面させられたこともありませんでした。

この危機的な時代にあって、教育は何を目指しているでしょうか。どのような目標が最も強調されているでしょうか。それは利己主義です。現代の教育のほとんどは、教育と呼ぶにはふさわしくありません。真の教育は、利己的な野望、権力への執着、世界にとってのろいとなっている人類の権利と必要の軽視などに対抗する影響力をもたらすものなのです。

利己的競争心の余地はない

神は、人類一人ひとりのために人生の計画を用意しておられます。すべての人は、神の信頼に応えて各自の才能を最大限に向上させなければなりません。忠実にそうすることで、与えられた賜物が少なくても多くても、その人は尊敬に値する者となるのです。神の計画のなかに、利己的な競争心の占める余地はありません。仲間同士で評価し合い、比較し合うのは、愚かなことです（Ⅱコリント一〇章一二節）。「何をするにも、……主に対してするように、心から行いなさい。あなたがたは、み国を受け継ぐという報いを主から受けることを知っています。あなたがたは主キリストに仕えているのです」（コロサイ三章二三、二四節)。しかし、現代の教育の多くは、なんとこのような理想からかけ離れていることでしょう。人は幼少期から対抗心や競争心を刺激する教育を受け、それがすべての悪の根である利己心を育てています。

こうして、人より上に立とうとする争いが生まれ、「詰め込み」式の教育システムが奨励されることによって、生徒は健康を害し、社会の役に立つことができなくなる場合さえあるのです。それ以外にも、対抗心が不正直を生み、野心と不満を増長させることで人生を苦いものとし、社会にとって絶えず脅威となる、落ち着きがなくて不穏な人々でこの世を満たす手助けをすることが多々あります。危険は教授法に伴うだけでなく、学習の主題（テーマ）のなかにも見られます。

国語や文学の授業において、青少年はどんな泉（教材）から飲む（学ぶ）ように教えられているでしょうか。彼らは、異教信仰（偶像崇拝）という井戸から汲み、堕落した古代の異教信仰で満たされた泉から飲んでいます。彼らは、明らかに道徳的原則を重んじていない作家たちについて学ぶよう、求められているのです。

どれほど多くの現代作家たちについても同じことが言えることでしょう。どれほど多くの優雅で美しい言葉が、その下に潜む、実際は読者を不快にさせるであろうおぞましい原則を覆い隠していることでしょう。

そのうえさらに、世の中には大勢のフィクション（虚構）を描く作家たちがいて、彼らは安楽という宮殿の楽しい夢へと人々を引き込んでいます。こういった作家たちは、公に不道徳という非難を受けることはないかもしれません。しかし彼らの作品は、確かに悪を生み出しているのです。そのような作品は、何千何万もの人々の時間と活力を奪い、そして人生の厳しい問題に対処するために必要な自制心を弱めているのです。

一般に広く行われている科学（理科）の学びのなかにも、同様に大きな危険が潜んでいます。進化論やそれに類する誤った理論が、幼稚園から大学にいたるまで、すべての学校のすべての学年で教えられています。こうして、本来神の知識を分け与えるべき科学の学びは、不信心へと向かわせる人間の推測や空論とすっかり混ぜ合わされてしまっています。

このような教育現場では聖書の学びでさえ、そのほとんどが、測り知れないほどに貴重な神のみことばという宝を生徒たちから奪っています。いわゆる「高等批評」と言われる聖書の科学的研究がみことばをばらばらに切り刻み、推測によってつなぎ合わせ、天の啓示として聖書を信じる信仰をなし崩しにしています。こうして科学は、人間の一生を支配し、引き上げ、天来の思想を吹き込む神のみことばの持つ力を奪うのです。

偽りの教えに染まること

青年たちが世の中に出て行けば、罪へ引き込もうとするさまざまな誘惑——金銭への執着、遊興やわがまま、見せびらかし、ぜいたく、浪費、だまし、詐欺、盗み、破滅——に出会います。そのとき、彼らが出会わねばならない教えとは、どんなものでしょうか。

精神主義（唯心論）は、人間は堕落することのない神のような存在であって、「各自の精神が各自を裁き」、「人の犯すすべての罪には悪意がない」と主張します。なぜなら、「何であれ、この世に存在するものはみな正しく」、「神が人に罪を宣告することはない」からだというのです。また、最もいやしい人間も天では高い地位にあるかのように説明されます。こうして精神主義は、「あなたは何をしても構わない。好きなように生きなさい。天国はあなたの家郷《ふるさと》だ」と教えます。こうして多くの人々は、欲望が人生最高の法則であり、気ままに生きることこそが自由であり、そして人類はみな自分自身に対してのみ責任を負えばよいのだと信じるようになるのです。

人生のきわめて初期の年代、すなわち衝動が強く、自制と純潔が最も必要とされる時代にこのような教えを受けるとすれば、彼らの心の徳や善を守る手段は、いったいどこにあるのでしょうか。世界が（かつて神によって滅ぼされた町）ソドムの二の舞になるのを防ぐものは何でしょうか。

同時に、反抗的な精神は、天の律法であれ、人間の律法であれ、すべての律法を地上から一掃しようとしています。富と権力の集中、多数の者の犠牲の上に少数の者が豊かさを享受する巨大な（資本主義社会という）連合体、自分たちの利権と要求を守ろうとする貧困階級という連合体、不安と暴動と流血の精神――これらすべてが、一八世紀にフランスを震撼《しんかん》させたのと同じような苦難のなかへ世界を巻き込もうとしているのです。

現代の青年たちは、このような（悪の）影響力に立ち向かわねばなりません。彼らは、このような激変のさなかにあって立つために、今、品性の土台を築かなければならないのです。

いつの時代にも、どのような国にあっても、品性を築くための真の土台は変わることがありませんでした。天の律法、すなわち、「心を尽くし、精神を尽くし、力を尽くし、思いを尽くして、あなたの神である主を愛しなさい、また、隣人を自分のように愛しなさい」（ルカ一〇章二七節）という原則、わたしたちの救い主の生涯とそのご品性のなかに現されたこの大原則だけが、唯一の安全な土台であり、唯一の確かな導き手なのです。

「主はあなたの時を堅く支えられる。知恵と知識は救いを豊かに与える」（イザヤ三三章六節）――神のみことばだけが、この知恵と知識を与えることができます。

神のみことばのなかに、人間一人ひとりの誠実さ、家庭の純潔、社会の幸福、そして国家の安定のための唯一の防壁があるのです。人生のあらゆる悩み、危険、そして相反する要求のただなかにあって、唯一の安全で確かな原則は、神がお命じになることを守り行うことなのです。「主の律法は完全で」（詩編一九編八節）、「これらのことを守る人は／とこしえに揺らぐことがないでしょう」（同一五編五節）。

第26章 教授法

何世紀にもわたって、教育はおもに記憶に頼らざるをえないものでした。記憶という頭脳の能力は、極度に負担を強いられてきたのに対して、その他の知的な力は、記憶力ほどには開発されませんでした。生徒たちはひたすら頭に知識を詰め込むために時間を費やしてきましたが、それらの知識は、ほとんど実生活には役に立たないものでした。こうして頭脳は、消化吸収できないことで負担をかけられ、弱くなっています。すなわち、一生懸命、自立的に努力する力を奪われ、他人の判断や理解に頼ることに甘んじているのです。

このような教授法の弊害に気づいて、反対の極端な方法に走る者たちもいました。彼らの考えによれば、人は自分の内面のみを開発すればよいというのです。このような教育は、生徒たちを独善的な思想に導き、真の知識と知力の源から切り離してしまいます。

記憶力の訓練に頼る教育は、自立的な思考を弱める傾向があり、教育の道徳的な成果にはほとんど価値を見いだしません。生徒たちが、自分で理論的に考え、判断する力を売り渡すなら、真理と偽りを区別することができなくなり、簡単に偽物にだまされ、たやすく伝統や慣習に従うようになるでしょう。

偽りは、本当の姿を見せることが滅多にありません。危険であるにもかかわらず、その事実が広く忘れ去られています。偽りは真理と混ざり合ったり、真理に結びついたりすることによって、それを受け入れやすくします。人類最初の親たち（アダムとエバ）の堕落は、善悪を知る木の実を食べることによって始まったように、今日でも人は、善と悪が混ざり合ったものを受け入れることによって堕落するのです。他人の判断に頼る人は、遅かれ早かれ、確実に悪の道に引き入れられてしまいます。

わたしたちは、一人ひとりが神に頼ることによってのみ、何が正しく、何が間違いであるかを見極める力を持つことができます。一人ひとりがみことばを通して神から学ばねばなりません。理論的に考え、判断するわたしたちの力は、用いるために与えられているのですから、神はそれを用いることをお望みになります。「論じ合おうではないか、と主は言われる」（イザヤ一章一八節）。神に頼ることによって、わたしたちは「悪を捨て、善を選ぶ」知恵を持つことができるのです（同七章一五節／口語訳、ヤコブ一章五節参照）。

個人的要素の重要性

すべての真の教授法において、個人的な要素は欠かすことができません。キリストはその教えのなかで、人々を個人として扱われました。キリストが十二弟子を訓練されたのも、個人的な接触と交わりによってでした。人目につかないところで、しばしばたった一人の聞き手に向かって、キリストは最も貴い教えをお与えになりました。彼が最も高価な宝箱のふたを開かれたのは、そのような場所だったのです。人々の尊敬を集めていた宗教指導者に会われたのは、夜のオリーブ山であり、人々からさげすまれていた女性とお会いになったのは、シカルの井戸辺でした。なぜなら、キリストはこれらの聞き手のなかに、感じやすい心、開かれた知性、受容する精神があるのを見抜かれたからです。いつでもどこでも、キリストの行かれるところに押しかけた群衆でさえ、キリストにとってはただの雑多な人間の集まりではありませんでした。キリストは群衆の一人ひとりの知性に語りかけ、一人ひとりの心に訴えかけられました。主は聞き手の顔をじっとご覧になり、その表情の輝きと敏感に反応する瞬間的な動きを見逃されませんでした。それらは、真理がたましいに届いたことを物語っていたからです。そして主のみこころにも、それに共鳴して喜びの和音が鳴り響きました。

キリストは人間一人ひとりのなかに可能性をお認めになりました。主は、外見的に見込みがないように見えるとか、取り巻く環境が好ましくないとかいった理由で人を差別なさいませんでした。キリストはマタイを徴税所から、ペトロを漁船から召し出して、主に学ぶ者とされたのです。

同様の個人的関心、個人の成長に対する同じ心づかいが今日の教育にも必要です。見たところ有望には見えない多くの若者たちが、まだ使われていない才能を豊かに与えられています。教師の側にそれらを見抜く目がないために、彼らの能力は隠されたままになっているのです。表面的には荒削りの原石のような多くの青年たちのなかに、熱さ、暴風、そして圧力といった試練にも耐える貴重な素材を見いだすことができます。真の教育者は、生徒たちが将来どのような姿に成長するかをつねに思い描いて、彼らが扱っている素材のなかに価値を認めます。彼らは生徒一人ひとりに個人的な関心を寄せ、彼らのなかにあるすべての能力を開発しようと努めます。たとえ不完全なものであっても、正しい原則に従おうとするすべての努力を勧めるのです。

青年はみな、努力の必要とその力について学ばねばなりません。人生の成功は、天が与える能力や才能によるよりも、はるかに努力によるところが大きいのです。努力が足りないために、最高の才能がほとんど役に立っていない一方、正しく努力することによって、平凡な才能にしか恵まれなかった人々が、驚くべきことを成し遂げてきました。そして、世の中を驚かせるような偉業を成し遂げた天才たちは、ほとんど例外なく、たゆまず、集中的な努力をしてきたのです。

すべての開発すべき能力

青年たちは、得意不得意によらず、彼らに与えられたすべての能力を開発するように教えられなければなりません。彼らの多くは、自分がもともと好きな分野の勉強に限って努力する傾向があります。このような誤りに陥らないように注意しなければなりません。生まれながらに備わった素質は、その人のライフワークの方向を示すものですから、それが適正なものであれば、注意深く啓発されるべきです。しかし同時に、バランスの取れた品性と、どんな方面の仕事でもきちんとこなすことのできる能力は、徹底的かつ総合的な訓練の結果である均整の取れた発達によるところが大きいことを覚えておかねばなりません。

教師はつねに、単純さと効果を目指すべきです。(年少の児童には)おもに実例を用いて教え、年長の児童を扱うときでも、すべての説明がわかりやすく明快であるように注意しなさい。かなり年齢の進んだ生徒でも、その多くが理解力においては子どもにすぎません。

教育の働きにおいて重要な要素は熱心さです。この点については、かつて著名な俳優が述べた言葉のなかに有益な示唆があります。カンタベリー大司教がこの俳優に尋ねました、舞台で演じる役者たちは、こんなにも力強く観衆を魅了するのに、福音を伝える牧師たちの説教には、なぜこんなにも力がないのだろうかと。すると、その俳優はこう答えたというのです。「恐れながら申し上げますが、理由は簡単でございます。その理由は、熱心さの持つ力にあるのです。舞台の上のわたくしどもは架空のことをあたかも真実のように語りますが、説教壇の皆さま方は真実のことを架空のことであるかのようにお話になるからでございます」

教師は真実のことを扱っているのですから、その事実と重要性を知っていることがもたらす力と熱意のすべてを込めて語らねばなりません。

教師は、自分の働きが明確な目標（結果）に向かっているかどうか注意しなければなりません。教科を教える前には、明確な授業計画を立て、（その課では）何を達成したいのかを知っていなければなりません。教師はどんな教科を教えるにしても、生徒たちがその教科内容に含まれる原則を理解し、そこにある真理をつかみ、学んだことをはっきり自分の言葉で述べることができるようになるまで、満足してはなりません。

教育の大目標を見失わない限り、生徒たちはその能力にふさわしい上級学校へ進むように勧められるべきです。しかし、上級の学問分野に進む前に、基礎となる学びを身につける必要があります。このことがあまりにも軽視されています。上級学校や大学レベルの学生のなかにさえ、中等教育レベルの常識的な教育内容の知識に大きく欠ける者がいるのです。多くの学生が、単純な出納簿《すいとう》もつけられないのに、高等数学のために時間を費やしています。多くの学生が雄弁な話し方を身につけようと学びながら、わかりやすく、心に響くように朗読することもできません。修辞学を修めた学生の多くが、普通の手紙の文や綴りをきちんと書けないのです。

教育の基本的なことを完全に習得しているかどうかが、より上級の課程へ進む条件であるとともに、学びの継続と進歩を見極める不変的な評価基準でなければなりません。

ことばの学びとことばの用い方

あらゆる分野の教育において、単に専門知識を身につけることよりも、達成すべきもっと重要な目標があります。ことばを例にあげて考えてみましょう。現在使われている言語であれ、すでに使われなくなった言語であれ、外国語を習得することよりも大切なのは、自分の母語で容易に、かつ正確に書き、話せることです。文法の知識を通してなされたどんな訓練も、その重要さにおいて、より高い視点からなされることばの学びとは比較になりません。そのような学びこそが、人生の喜びと悲しみ、成功と困窮に極めて密接な関係を持っているのです。

第一にことばに求められるのは、それが純粋、親切、真実であること、すなわち「内なる恵みが外に表されたもの」であることです。神は次のように言われます。「すべて真実なこと、すべて気高いこと、すべて正しいこと、すべて清いこと、すべて愛すべきこと、すべて名誉なことを、また、徳や称賛に値することがあれば、それを心に留めなさい」（フィリピ四章八節）。もしこのような事柄がその人の思いや考えであれば、それはおのずとことばに表れるでしょう。

このようなことばの学びのための最高の学校は、家庭です。しかし、児童が正しい話し方の習慣を身につける助けをするこの働きは、本来家庭でなされるべきであるのに、しばしば軽視され、教師に負わされています。

教師は、陰口、うわさ話、口やかましい批判など、地域にも近隣にも、そして家庭にものろいとなっている悪しき習慣を阻止するために大いに貢献できます。このような習慣は、教養や上品さ、そして心からの真の美徳に欠けていることを露呈するものだという事実を生徒たちの心に刻みつけるために、労を惜しむべきではありません。このような習慣は、真に教養のある、洗練された地上の社会人にとっても、天の聖なる者たちとの交わりに入る人にとっても、ふさわしいものではありません。

わたしたち現代人は、食人の風習を持つ人々が、犠牲者のまだ温かい肉を食べて楽しむ姿を嫌悪しますが、このような行為でさえ、真意をねじ曲げて伝えること、評判を傷つけること、人格を切り裂くことによって引き起こされる苦悩や破滅よりも恐ろしく、むごいと言えるでしょうか。青年たちは、これらのことについて聖書がどのように述べているかを学ぶ必要があります。「死も生も舌の力に支配される」（箴言一八章二一節）。陰口を言う者たちは、「悪意に満ち、ねたみ、殺意、不和、欺き、邪念にあふれ（る）」（ローマ一章二九節）者たちや、「神を憎み、人を侮り、高慢であり、大言を吐き、悪事をたくら（む）」（同三〇節）者たちの同類とされています。しかし、神が聖なるシオンの山に住むことができると見なされる人々は、「心には真実の言葉があり／舌には中傷をもたない人。……親しい人を嘲《あざけ》らない人」（詩編一五編二、三節）です。

神のみことばはまた、神の神聖を冒瀆《ぼうとく》するような無意味な言葉や罵《のの》りの言葉も非難しています。みことばは、現代社会や商売の世界ではあたりまえの、嘘《うそ》のお世辞、真実からの言い逃れ、誇張、取引上の偽りの売り口上も非難しています。「あなたがたは、『然り、然り』『否、否』と言いなさい。それ以上のことは、悪い者から出るのである」（マタイ五章三七節）。「分別を失った者が、火矢を、死の矢を射る。友人を欺く者はそれに等しい。しかも、『ふざけただけではないか』と言う」（箴言二六章一八、一九節）。

うわさ話と密接に結びついているのが、嫌みや陰険なあてこすりなどです。心の汚れた人たちは、そういったものを用いて、あからさまな表現はせずに悪意をほのめかすのです。ハンセン病を避けるように、このような行為には一歩も近づくことのないよう、青年たちに教えなければなりません。

言葉の使い方のうえで、おそらく老いも若きも軽く見過ごしがちなのが、軽率で性急な話し方です。彼らは十分な言い訳になると考えて、こう訴えます。「ついうっかり言ったことで、本当にそんなことを言うつもりはなかったのです」。しかし神のみことばは、それを軽いこととして扱いません。聖書は次のように言います。「軽率に話す者を見たか。彼よりは愚か者にまだ望みがある」（箴言二九章二節）。「侵略されて城壁の滅びた町。自分の霊を制しえない人」（同二五章二八節）。

軽率で感情に任せた不注意な言葉が、一生後悔しても取り返しのつかない悪を、一瞬にして生み出すことがあるのです。ああ、助けと癒やしをもたらすことができたかもしれない者たちの厳しい性急な言葉によって、心が傷つけられ、友人たちが引き裂かれ、人生が台なしにさせられることでしょう。

自己を忘れることの恵み

どの子どもの心にも、特に大切に守り、育まれねばならない一つの特質があります。それは気づかないうちに人生に上品さを与える特質、自分を忘れて人に仕える心です。すべての優れた品性の特徴のなかで、これほど美しく、かつ人生をかけて取り組むべき、真に価値ある働きに必要不可欠な資質は他にありません。

子どもたちは感謝の言葉、共感、励ましを必要としていますが、彼らのなかに褒《ほ》められることを好む気持ちを育てないように注意しなければなりません。彼らに人の注目を集めさせるようなことや、子どもたちの前で彼らの賢い言葉をほめそやすようなことは避けるべきです。真に理想的な品性を育て、子どもの成長の可能性を伸ばしたいと願う親や教師は、彼らのなかにうぬぼれを育み、助長するようなことをするはずがありません。彼らは、子どもたちが自分の才能や能力を見せびらかせようとする願いや努力を助長しません。自分自身より高いものを目指す者は謙遜になりますが、他人の外見の立派さや身分の高さに比べて自分を恥じ入ったり、動じたりすることのない品位も身につけるようになります。

品性の美しさは、勝手気ままな掟や規則のなかからは生まれません。それは、純粋、高潔、真実といった雰囲気のなかにこそ育まれるのです。そして、純粋な心と高潔な品性のあるところでは、それが純粋なことばや高潔な行動となって表れます。

「清い心を愛する人は唇に品位があり／王がその友となる」(箴言二二章一一節)。

品性を形成する歴史の学び

ことばと同じように他の学びも、品性を高めるための助けとなることができます。このことは、他のどの教科にも増して歴史について言えることです。ですから、歴史は天の視点で学ぶ必要があります。

歴史は、あまりにもしばしば、王たちの盛衰、王室で繰り広げられる陰謀、戦場での勝利と敗北の記録、すなわち野望と強欲、策略、残虐、そして流血の物語にすぎないと教えられています。そのように教えられれば、その結果は有害なものにならざるをえません。繰り返し描写される痛ましい犯罪と残虐行為、極悪非道な行為は、多くの人の人生に種をまき、悪という実を結ぶのです。

しかし、こうした国々の興亡を神のみことばの光に照らすとき、それははるかに価値ある学びとなります。このような歴史の記録を学び、天の原則を受け入れることと国の真の繁栄がどれほど密接に関係しているかを理解するよう、青年たちに教えなさい。彼らに偉大な宗教改革の歴史を学ばせ、天の原則は、憎まれ、その擁護者たちは地下牢や断頭台に送られたにもかかわらず、そのような犠牲を通して、いかに多くの勝利が勝ち取られてきたかを理解させなければなりません。

このような学びは、より広く、包括的な人生観を与え、青年たちが、人生の関係性や相互依存性——

わたしたちが社会や国という大きな家族のなかで、どれほどすばらしい結びつきのなかにあるかということ、また、その家族の一人が抑圧されたり、堕落したりすることが、すべての家族にとってどれほど大きな損失であるかということ——を理解する助けとなるでしょう。

算数や数学の学びは実際的であるべきです。子どもや青年たちは、想像上の問題を解くだけでなく、自分の（小遣いの）収支を正確に記録することを学ばなければなりません。お金を使うことによって、その正しい使い方を学ばせなさい。少年少女は、自分の衣服、本や日用品を選んで買うことを学ぶべきです。そして、自分が使った金額を記録することによって、お金の使い方と価値を、ほかでは学ぶことのできない方法で学ぶことができます。正しく指導されるなら、慈善の習慣を身につけることにもなります。それは、感情が動かされたときの瞬間的な衝動からではなく、規則的、組織的に献金することを学ぶ助けとなるでしょう。

このようにして、すべての学びは、世の中にあるあらゆる問題のなかの最大の問題、すなわち、人生の責務を最もよく果たせるように青年たちを訓練するという問題の解決に役立つものとなるのです。

第27章 礼儀

礼儀の価値は、あまりにわずかしか認識されていません。心は親切でありながら、態度にそれが表されていない人が多いのです。誠実で公正なために尊敬されている人の多くが、残念なことに優しさに欠けています。そのような欠如は、彼ら自身の幸福をそこない、彼らが他者に奉仕するのを妨げます。

特に親や教師は、快活さと礼儀正しさを養う必要があります。明るい表情、穏やかな声、そして礼儀正しい態度は、だれでも持つことができるものであり、教育における力となります。子どもたちは快活な明るさに引きつけられるものです。親切に、礼儀正しく彼らに接しなさい。そうすれば、彼らもあなたがたに対して、またお互いに対して、同じ精神を示すようになるでしょう。

真の礼儀は、単に作法の決まりを守ることでは養われません。態度やふるまいのなかに、つねに礼儀がにじみ出ていなければなりません。どこであれ、原則を曲げない限り、他者への配慮は、その地域で受け入れられている習慣を尊重することになるでしょう。しかし真の礼儀は、慣例に従うために原則を犠牲にはしません。真の礼儀は階級制度を認めません。真の礼儀は、自分を大切にすること、人間の尊厳を重んじること、大きな人類家族の一人ひとりに敬意を払うことを教えます。

単なる作法や形に必要以上の価値を置き、それらを教えることに多くの時間をかけすぎる危険があります。生活のなかで、青年たち一人ひとりは、たゆまぬ努力を要求され、普段の義務を果たすためだけでも、激務や自分の好みに合わない働きを求められ、世の人々の無知と不幸という重荷を軽くするためには、もっと多くのものを求められています。そのような生活には、もはや慣例が入り込む余地はありません。

作法が非常に大切であると考える人の多くは、それがどれほど優れたものであっても、彼らが作った基準を満たさなければ、ほとんど敬意を払いません。これは偽りの教育です。このような教育は、批判的な思い上がりと排他的な狭い心を育てます。

真の礼儀正しさの本質は、他者への配慮にあります。本質的で永続する教育とは、他者に共感できる広い心を育て、あらゆる人に対する親切な行為を奨励するものです。世の中がいわゆる教養として認めるものであっても、それによって青年たちが両親に敬意を払い、その長所を認めて感謝し、その短所を忍び、その必要に応えるようにならなかったり、あるいは年下の者や高齢者や恵まれない人たちに思いやり深く、優しく、寛大で、助けにならなかったり、だれに対しても礼儀正しくなれないのであれば、それは偽りの教養です。

天が教える礼儀

思想やふるまいを真に洗練させるものは、人によって作られたルールを大切に守ることよりも、天の大教師キリストの学校で学ぶことのなかにあります。キリストの愛が心に広がると、それは品性を清め、キリストのご品性に似たものに造り変えます。このキリストの学校の教育は、天の気高さと礼節の感覚を与えます。それは上流社会のうわべだけの上品さには決して並びえない、柔和な気質と温和なふるまいを生み出します。

聖書は礼節を命じます。聖書は多くの実例をあげて、真の礼節の特徴は、無我の精神、柔和から来る上品さ、魅力ある気質であることを示しています。しかし、これらはキリストのご品性を映すものにすぎません。この世の真の柔和と礼節は、それがキリストの名を知らない人々のなかに見られるものであっても、すべてキリストから与えられたものなのです。そして主は、これらの特徴がご自分に従う者たちのなかに完全に表されることを強く望んでおられます。世がわたしたちのなかにキリストの美しさを見ることが、主の目的なのです。

これまでに書かれた礼儀作法についての文章のなかで、使徒パウロを通して救い主がお与えになった教えほど価値あるものはありません。「わたしがあなたがたを愛したように、あなたがたも互いに愛し合いなさい」(ヨハネ一三章三四節)とのみことばは、老いも若きも、人類一人ひとりの記憶に消すことのできないものとして刻まれるべきです。

愛は忍耐強い。
愛は情け深い。
ねたまない。
愛は自慢せず、高ぶらない。
礼を失せず、自分の利益を求めず、いらだたず、恨みを抱かない。
不義を喜ばず、真実を喜ぶ。
すべてを忍び、すべてを信じ、すべてを望み、すべてに耐える。
愛は決して滅びない。

(Iコリント一三章四~八節)

敬神の念

注意深く育まなければならないもう一つの貴い資質は、敬神の念です。神を真に敬う心は、神の無限の偉大さを感じ、その存在を実感することによって呼び覚まされます。子どもたち一人ひとりが、この見えないお方を感じることによって深く心が動かされる経験をする必要があります。祈りの時間と場所、また礼拝の集会は、聖なるものであることを子どもたちに教えなければなりません。なぜなら、そこには神がおられるからです。敬神の念が態度や行いに表されるとき、神を敬う感情はさらに深まります。

神が特別にご臨在される場所はどのように尊ばれなければならないかについて教える聖書のみことばを、老いも若きも繰り返し学び、深く瞑想《めいそう》する必要があります。神は柴の間からモーセに命じて言われました。「ここに近づいてはならない。足から履物を脱ぎなさい。あなたの立っている場所は聖なる土地だから」（出エジプト記三章五節）。

ヤコブは、天使たちが天と地上を昇り降りする幻を見て叫びました。「まことに主がこの場所におられるのに、わたしは知らなかった。……ここは、なんと畏《おそ》れ多い場所だろう。これはまさしく神の家である。そうだ、ここは天の門だ」（創世記二八章一六、一七節）。

「しかし、主はその聖なる神殿におられる。全地よ、御前に沈黙せよ」(ハバクク二章二〇節)。

主は大いなる神
すべての神を超えて大いなる王。……
主の御前にひざまずこう。
共にひれ伏し、伏し拝もう。
(詩編九五編三、六節)

神の御名に対しても、同じように崇敬の念を示さなければなりません。御名を軽々しく、考えなしに口にするようなことが決してあってはなりません。たとえ祈りのなかであっても、御名を不必要に何度も繰り返すことは避けるべきです。「御名は畏れ敬うべき聖なる御名」(詩編一一一編九節)。天使たちも御名を語るときには顔を覆います。そうであれば、わたしたち、堕落した罪深い人間は、どれほどの畏敬の念をもって主の御名を口にするべきでしょうか。

わたしたちはまた、神のみことばを尊ばねばなりません。そして、印刷されたみことばである聖書に対しても敬意を払い、決して普通の本のように、不注意に取り扱うべきではありません。さらに、冗談でみことばを引用したり、あるいは気の利いた言い回しを強調するためにみことばを言い換えたりすることは、決してあってはなりません。「神の言われることはすべて清い」（箴言三〇章五節）。「主の仰せは清い。土の炉で七たび練り清めた銀」（詩編一二編七節）。

これらすべてにまさって子どもたちに教えなければならないことは、真の敬神の念は、心から従うことによって示されるということです。神は、わたしたちにとってどうしても必要なこと以外はお命じになりません。ですから、みことばに従うことで神に喜んでいただくこと以外に、敬神の念を表明する方法はないのです。

神を代表する人々、すなわち神に代わって語り、行動するように召されている牧師、教師、そして親に対しても敬意を払わねばなりません。このような人々に示される敬意によって、神は栄誉をお受けになるのです。さらに神は、特に年老いた人々に優しく接し、敬意を表すように命じておられます。神は次のように言われます。「白髪は輝く冠、神に従う道に見いだされる」（箴言一六章三一節）。白髪は、人生の戦いを闘い、勝利を手にし、重荷を負い、誘惑に抵抗したことを物語っています。それは、休息に近づきつつある弱った足を、また、じきに空くであろう席を物語っているのです。子どもたちにこのようなことを考えさせなさい。そうすれば、彼らは礼節と尊敬をもって年老いた方々の道から障害物を取り除くでしょう。そして、「白髪の人の前では起立し、長老を尊び……なさい」（レビ記一九章三二節）

との命令に従うとき、彼らの人生に優雅さと美がもたらされるでしょう。

両親、そして教師は、神が彼らを、子どもたちにとって神の代表者になさったという責任と栄誉を十分に理解する必要があります。日常生活の接触のなかで表されたその品性は、良くも悪くも、次の神のみことばを子どもたちに説明することになるでしょう。

「父がその子を憐れむように／主は主を畏れる人を憐れんでくださる」（詩編一〇三編一三節）。「母がその子を慰めるように／わたしはあなたたちを慰める」（イザヤ六六章一三節）。

このようなみことばによって、愛と感謝と信頼が呼び覚まされる子どもは幸いです。親や教師の柔和と正しさと忍耐を通して、神の愛と正義と忍耐を知る子ども、地上の保護者に対する信頼と服従と尊敬によって、神への服従と敬意を学ぶ子どもは幸いです。子どもや生徒にこのような賜物を分け与えるおとなは、あらゆる時代の富にも増して貴い宝、すなわち永遠に続く宝を彼らに与えたのです。

第28章　衣服と教育の関係

着ることについて正しい原則を教えない教育は、その目的を完全に果たすことができません。正しい装いを教えないために、教育の働きが妨げられたり、道を外れたりすることがあまりに多いのです。衣服を愛し、ファッションに強い愛着を持つことは、教師にとって最も手ごわい敵であり、最も効果的に教育の働きを妨げるものです。

ファッションの支配する力は強力です。多くの家庭でファッションが関心の中心となり、親や子どもの考える力と時間は、その要求に応えるために費やされています。

多くの人にとって、その服がどんなに似合っていても、あるいは美しくても、そんなことは問題ではなく、流行が変われば、作り直すか、捨てるかしなければなりません。家族全員が不断の努力をする運命にあります。子どもたちを訓練する時間も、祈りや聖書の学びのための時間も、幼い者たちが神の働きを通して神を知るように手助けするための時間もありません。慈善活動にささげるお金も時間もありません。さらには、しばしば食費が切り詰められます。食べ物の選択が悪く、急いで調理するので、体の自然な必要が満たされません。その結果、誤った食習慣に陥り、それが病気の原因となったり、不節制を引き起こしたりするのです。

良い服を着て目立ちたいという欲求は、多くの青年たちをぜいたくや浪費に走らせ、より高潔な生き方を求める彼らの志をしぼませてしまいます。上級学校へ進む代わりに、衣服への情熱を満たすお金を稼ぐために早くから仕事に就き、こうして多くの若い女性たちが滅びへの道に引き込まれています。多くの家庭で、家計が圧迫されています。父親は、妻や子どもたちの求めに応じることができず、不正行為の誘惑にさらされ、その結果、名誉を失い、破産にいたるのです。

礼拝の日でさえ、このファッションの支配から逃れることができません。教会はファッションショーの会場となり、説教よりもファッションについて研究をするのです。こうした習慣に付いてゆけない貧しい人たちは、まったく教会に近づきません。

学校では、女子生徒たちが、運動にも勉強にも向かない、学生にはふさわしくない、着心地の悪い流行の服を着て過ごしています。生徒たちの頭のなかは流行の服のことでいっぱいで、教師は彼女たちの興味を学習に向けるのに苦心します。

こうしたファッションの呪縛から解放するために、生徒たちを自然界に触れさせることにまさる方法はありません。生徒たちに川や湖や海で過ごす喜びと楽しみを教えなさい。丘に登って夕日の美しさを見せ、森や野原のすばらしいところを探させ、作物や花を栽培する楽しさを学ばせなさい。そうするときに、最新の流行を追いかけることが無意味なものに思われてくることでしょう。

食べることにおいてと同様、着ることにおいても、質素な生活が高尚な思想を生み出すためにはなくてならないものであることを、青年たちに気づかせなさい。神のみことばのなかに、自然界という書物のなかに、そして高貴な人生の記録のなかに、彼らが宝を見いだすよう助けなさい。

彼らの心を、彼らが救うことができるかもしれない、苦しんでいる人々に向けなさい。自分が流行の衣服で身を飾るために浪費するたびに、飢えた人々が食べ、裸の人々が着、そして悲しんでいる人々が慰めを得るためのお金を奪っていたのだということに気づくよう助けなさい。

同時に、青年たちは、「神のなされることは皆その時にかなって美しい」(伝道の書三章一一節／口語訳）という自然界の教訓を理解することを学ばなければなりません。他のすべてのことと同じように、着ることも、わたしたちが創造主に栄光を帰す機会です。主は、わたしたちの衣服がさっぱりとして健康的であるだけでなく、適切でふさわしいものであるように望んでおられるのです。

服装は品性を表す

人の品性はその服装によって判断されます。洗練された趣味や深い知性は、単純でふさわしい服装に表れます。服装の単純さは、慎み深いふるまいと結びつくとき、若い女性を気高い控えめな雰囲気で包むのに大いに役立ちます。

服飾の技術には自分で自分の衣服を作る能力が含まれることを、女子生徒たちに教えなければなりません。これはすべての女子生徒が目指すべき願いです。それは彼女たちが社会の役に立ち、自立する手段となるでしょう。

美しいものを愛し、求めることは正しいことです。しかし神は、わたしたちにまず、最高の美、すなわち滅びることのない美を愛し、これを探し求めるように望んでおられます。人間の手の技による数々のえり抜きの作品であっても、神の目には、「朽ちることのない」品性の美しさにまさるものはありません。

青年たちに、そして幼い子どもたちにも、彼らのために天の織機で織られた高貴な衣を選ぶように教えなければなりません。それは、すべての地上の聖なる者たちがやがて着る「輝く清い麻の衣」（黙示録一九章八節）です。この衣とは、キリストご自身のしみのないご品性であり、人類一人ひとりに無償で与えられます。しかし、その衣を受ける者はみな、この地上でそれを受け、着ることができるのです。

純粋なもの、愛すべき思想に心を開き、人を愛し、人の助けになることを実践するとき、キリストの美しい品性という服を着せていただけるのだということを、子どもたちに教えなければなりません。そうすれば、キリストの品性は、彼らを地上で美しい者、愛される者とし、やがて来るべき天のみ国では、王宮に入るための資格となるのです。キリストは次のように約束しておられます。「彼らは、白い衣を着てわたしと共に歩くであろう。そうするにふさわしい者たちだからである」（黙示録三章四節）。

第29章 安息日

教育の一つの方法として、安息日の持つ価値の大きさは測り知ることができません。神は、わたしたちにお求めになるものは何であれ、ご自分の栄光で豊かに増し加え、造り変えてふたたび返してくださいます。主がイスラエルにお求めになった什一の献《ささ》げ物は、地上における主のご臨在のしるしであり、天の主の宮の型である聖所の栄光に満ちた美しさを保つためにのみ用いられました。このように、神がお求めになるわたしたちの時間の一部も、主の御名とその印を帯びて、わたしたちのもとに戻されるのです。「それは、代々にわたってわたしとあなたたちとの間のしるしであり、わたしがあなたたちを聖別する主であることを知るためのものである」（出エジプト記三一章一三節）。なぜなら、「六日の間に主は天と地と海とそこにあるすべてのものを造り、七日目に休まれたから」（同二〇章一一節）であると、主は言われます。

安息日は、神の創造と救済の力の象徴であり、生命と知識の源としての神を指し示しています。それは、創造当初に、わたしたちの最初の両親に与えられていた栄光を思い起こさせ、そのようにわたしたちをご自分の御像《みかたち》に再創造される神の目的を証ししています。

安息日と家族制度はエデンで制定され、両者は神の目的において永遠に結びついています。わたしたちはこの日に、他の日よりもエデンの生活を体験することができるのです。父親は祭司として、両親は子どもたちの教師や友として、働きや学び、礼拝やレクリエーションを通して家族が交わることが神の計画でした。しかし、罪はこのような家族の暮らしを変えてしまいました。一週の間、父親はほとんど子どもたちの顔を見ることがなく、子どもたちと交わったり、子どもたちを教えたりする機会がほとんどありません。しかし愛の神は、このような労働の要求に制限をお定めになり、そのあわれみ深い御手を安息日の上に置いておられます。神は、ご自身の日である安息日のなかに、家族が主と交わり、自然界と交わり、お互いが交わる機会を保っておられるのです。

安息日は神の創造力を記念する日ですから、他のどんな日よりも、神の創造の御業である自然界を通してわたしたちが神を知る日でなければなりません。子どもたちの心のなかで、まさに安息日に対する思いが自然界の美しさと結びついているべきです。イエスと弟子たちが野原を横切り、湖の岸辺を歩き、あるいはオリーブの木立を抜けて会堂に行ったように、安息日に礼拝の場所へ出かけることのできる家族は幸いです。自然界からの実例を用いて、子どもたちに聖書を教えることのできる両親は実に幸いです。森の木陰に集まって、新鮮で澄み切った空気のなかで、天の父なる神に賛美の歌を歌い、みことばを学ぶことのできる家族は、なんと幸いなことでしょう。

このような交わりを通して、両親は、決して切れることのない絆によって子どもたちの心を自分たちの心に結びつけ、さらには神に結びつけることができるのです。

安息日は、知的な訓練の手段として非常に貴重な機会です。安息日学校の『聖書研究ガイド』は、安息日の朝にあわてて目を通すのではなく、安息日の午後にじっくり学び、その週の間毎日復習し、日々の実例を通して学ぶべきです。そうすることで、学びはしっかりと記憶に残り、すっかり消えてしまうことのない宝となるでしょう。

礼拝の説教を聞くときは、親も子どもたちも引用された聖句を書きとめ、話の筋を追い、家に帰ってから互いに言い合いたいものです。このような習慣は、子どもたちが説教に飽きてしまうのを防ぎ、集中力や話の筋をつかむ力を養うのに大いに役立つでしょう。

このようにして示された主題を瞑想《めいそう》するとき、生徒たちは今まで想像したこともないすばらしい宝に出会うことでしょう。彼らは聖書のなかに描かれた体験が真実であることを、彼らの生活を通して証明するのです。「あなたの御言葉が見いだされたとき／わたしはそれをむさぼり食べました。あなたの御言葉は、わたしのものとなり／わたしの心は喜び踊りました」(エレミヤ一五章一六節)。「あなたの僕はそれらのことを熟慮し／それらを守って大きな報いを受けます」（詩編一九編一二節）。

第30章
信仰と祈り

信仰とは神を信頼することです。すなわち、神がわたしたちを愛しておられ、わたしたちの幸福のために最良のものをご存じであることを信じることです。その結果として、わたしたちは自分の道でなく、主の道を選ぶようになります。わたしたちの無知の代わりに主の知恵を、わたしたちの弱さの代わりに主の力を、わたしたちの罪深さの代わりに主の義を受け入れるのです。わたしたちの人生はすでに主のものです。信仰は、わたしたちの人生が神のものであることを認め、その祝福を受け入れます。真実なこと、正しいこと、純潔であることは、人生の成功の秘訣としてすでに示されています。信仰によってわたしたちはこれらの原則を自分のものとすることができるのです。

すべて心に生じる良い衝動や志は、神の賜物《たまもの》です。信仰によって神からいただく人生だけが、真の成長と真の能力を生み出すのです。

信仰の働かせ方を明らかにしなさい。神の約束一つひとつには、それぞれ条件があります。わたしたちが主のみこころを喜んで行うなら、主の力はすべてわたしたちのものです。主が約束しておられる賜物は何であれ、その約束のなかに含まれています。「種は神の言葉である」（ルカ八章一一節）。樫の木が確かにそのどんぐりの実のなかにあるように、神の賜物は確かにその約束のなかにあります。わたしたちが主の約束を受け入れるなら、わたしたちはすでに賜物をいただいているのです。

わたしたちが神の賜物を受け入れられるようにする信仰は、それ自体が賜物であり、人間一人ひとりに、ある程度与えられています。信仰は、神のみことばを自分のものとして、それを行動に移すときに成長するのです。信仰を強めるためには、たびたびわたしたちの信仰をみことばに触れさせなければなりません。

聖書を学ぶときには、生徒が神のみことばの力を悟るように導かなければなりません。天地創造において、「主が仰せになると、そのように成り／主が命じられると、そのように立つ」（詩編三三編九節）とあり、また神は、「存在していないものを呼び出して存在させる」（ローマ四章一七節）とあります。神が呼び出されるとき、何でも存在するようになるのです。

真の貴族

神のみことばに信頼した人々が、全世界を覆う悪の勢力に抵抗してなお堅く立った例は、枚挙にいとまがありません。エノクは、信仰を堅く保ち、腐敗とあざけりの世代に立ち向かって義の勝利を獲得し、ノアとその家族は、身体的、知的に最も優れていながら道徳的に最も堕落していた同時代の人々に立ち向かい、紅海を前にしたイスラエルの民は、無力なおびえた奴隷の集団でしたが、地球上で最強の国の最強の軍隊に立ち向かいました。羊飼いの少年であったダビデは、王座につかせるという神の約束を信じ、地位を築き上げた王として権力にしがみつこうとしたサウルに立ち向かい、シャドラクとその仲間たちは、火に投げ込まれながらも、王座のネブカドネツァルに立ち向かい、ダニエルは、ライオンに囲まれながらも、王国の最高位にいた敵に立ち向かい、イエスは、十字架ではりつけにされながらも、ローマ総督さえ思いのままにしようとしたユダヤの祭司や指導者たちに立ち向かい、パウロは、鎖につながれ、犯罪人として殺されたものの、世界帝国の専制君主ネロに立ち向かいました。

このような例は、聖書に限らず、人類の進歩の記録のあらゆるページにいくらでも見ることができます。ワルドー派やユグノー教徒、ウィクリフやフス、ジェロームやルター、ティンダルやノックス、ツィンツェンドルフやウェスレー、その他大勢の人々が、悪の勢力の支持を得た人間の権力や政策に立ち向かい、神のみことばの力を証明してきました。彼らこそがこの世の真の貴族であり、この世の王族なのです。現代の青年たちも、この王族の一員になるよう、召されています。

信仰は、人生の大きな経験において必要とされますが、負けず劣らず、小さな経験においても必要です。わたしたちの日常のあらゆる関心事や時間の過ごし方のなかで、変わらぬ信頼を通して、神の支えの力が実際にわたしたちのものとなるのです。

人間の側から見れば、人生は初めて通る小道のようなものです。人生のより深い経験に関して言えば、だれもみな人生という小道をひとりで歩くのです。人の内面の歩みを他人が完全に共にすることはできません。幼い子どもたちがこの旅に出るとき、わたしたちは、彼らが確かな導き手であり、助け主であるお方に信頼するよう、どれほど熱心に努め、導くべきでしょうか。

誘惑から守る盾として、また純粋さと誠実さを求めるよう鼓舞するものとして、神がここにおられるという感覚にまさる影響力は他にありません。「神の御前では隠された被造物は一つもなく、すべてのものが神の目には裸であり、さらけ出されているのです。この神に対して、わたしたちは自分のことを申し述べねばなりません」（ヘブライ四章一三節）。「あなたの目は悪を見るにはあまりにも清い」（ハバクク一章一三節）。この思いがエジプトの腐敗のただなかでヨセフを守る盾となったのです。誘惑の魅力に対して、彼の答えは揺るぎないものでした。「わたしは、どうしてそのように大きな悪を働いて、神に罪を犯すことができましょう」（創世記三九章九節）。信仰を大切に育むなら、すべてのたましいにこのような盾が与えられるでしょう。

神がおられるという感覚だけが恐れを払いのけることができます。小心な子どもたちにとって、そのような恐れは人生の重荷となります。「主の使いはその周りに陣を敷き／主を畏れる人を守り助けてくださ（る）」（詩編三四編八節）という神の約束を、彼らの記憶に刻みつけなさい。山間の町でエリシャが経験した驚くべき出来事を子どもたちに読ませなさい。彼と武装した敵の軍勢との間には、強力な天のみ使いの一群がいて、エリシャを取り囲んでいました。神のみ使いがペトロに現れた話を子どもたちに聞かせなさい。死を宣告されて獄にいた神のしもべを、天使が導いて武装した看守たちの前を通り過ぎ、分厚い扉と、かんぬきのかかった大きな鉄の門を通り抜けて安全に救い出したのです。

人であったパウロが裁判と処刑に向かう旅の途上で、勇気と希望に満ちた言葉を堂々と語った海上での場面を、子どもたちに思い描かせなさい。「しかし今、あなたがたに勧めます。元気を出しなさい。船は失うが、皆さんのうちだれ一人として命を失う者はないのです。わたしが仕え、礼拝している神からの天使が昨夜わたしのそばに立って、こう言われました。『パウロ、恐れるな。あなたは皇帝の前に出頭しなければならない。神は、一緒に航海しているすべての者を、あなたに任せてくださったのだ』」

（使徒言行録二七章二一～二四節）。このようにして、この船に、神がその人を通して働くことがおできになる一人の人がいたために、船に乗っていたすべての異邦人たちと水夫たちは守られたのでした。「このようにして、全員が無事に上陸した」（同四四節）のです。

これらの物語は、単にわたしたちが読んで不思議に思うためだけに書かれたのではありません。昔の神のしもべのなかに働いた同じ信仰が、わたしたちのなかにも働くためです。神は、驚くべき方法で働かれた当時と同じように、今も、主の力の通路となる信仰心のあるところならどこであれ、働いてくださいます。自己不信に陥っている者たちは、自立心がないために務めや責任を嫌がるが、そんな彼らに、神に信頼することを教えなさい。その結果、さもなければこの世で取るに足りない人、おそらくはどうしようもないお荷物にすぎないであろう多くの人が、使徒パウロと共に、「わたしを強めてくださる方のお陰で、わたしにはすべてが可能です」（フィリピ四章一三節）と言うことができるのです。

神は正義を擁護される

侮辱的な言動にすぐ憤慨する子どもにとって、信仰は貴重な教えを持っています。悪に抵抗したり、不正に報復しようとする傾向は、たいてい、鋭い正義感と活動的でエネルギーに溢《あふ》れる気性から来るものです。子どもたちは、神こそが正義を永遠に擁護されるお方であることを学ばねばなりません。主は、その救いのために最愛の御子をお与えになるほど愛された者たちを優しく気遣っておられます。主は悪を行う者一人ひとりを放っておくことがおできになりません。

「あなたがたにさわる者は、彼の目の玉にさわるのである」（ゼカリヤ二章八節／口語訳）。「あなたの道を主にまかせよ。信頼せよ、主は計らい／あなたの正しさを光のように／あなたのための裁きを／真昼の光のように輝かせてくださる」（詩編三七編五、六節）。

「主よ、御名を知る人はあなたにより頼む。あなたを尋ね求める人は見捨てられることがない」（詩編九編一一節）。

神がわたしたちにあわれみを示されるように、わたしたちも他者にあわれみを示すよう、主は命じておられます。衝動的な人、うぬぼれの強い人、仕返しをしなければ気の済まない人たちに、柔和で謙遜なお方に目を注ぐように勧めなさい。彼は、小羊のように屠り場に引かれて行き、毛を切る者の前の羊のようにおとなしくしておられました。わたしたちの罪が刺し通し、わたしたちの悲しみが苦しめた主を、彼らに指し示しなさい。そうすれば彼らは、耐えること、忍ぶこと、そして赦すことを学ぶでしょう。

キリストを信じる信仰によって、品性の不足の一つひとつが補われ、心の汚れの一つひとつが清められ、短所の一つひとつが正され、長所の一つひとつが伸ばされるのです。

「あなたがたは、キリストにおいて満たされているのです」（コロサイ二章一〇節）。

祈りと信仰は密接につながっており、これらは一緒に学ぶ必要があります。信仰の祈りのなかには天の科学が存在しています。この科学は、自分の一生の仕事を成功させたいと望む者ならだれでも理解しなければならないものです。キリストは言われます。「だから、言っておく。祈り求めるものはすべて既に得られたと信じなさい。そうすれば、そのとおりになる」（マルコ一一章二四節）。わたしたちが求めるものは、神のみこころと一致していなければならないと、キリストは明確に述べておられます。わたしたちは、神が約束されたものを求めねばなりません。そして、わたしたちが受けたものは何であれ、主のみこころのために用いなければなりません。これらの条件が満たされているなら、主の約束に疑いの余地はありません。

罪の赦し、聖霊、キリストのような心、主の働きをするための知恵と力、神が約束されたどんな賜物でも、わたしたちは求めることができます。求めたなら、与えられると信じ、与えられたことを神に感謝しなければなりません。賜物は約束のなかにあります。ですからわたしたちは、すでに与えられている賜物が最も必要なときに実現すると確信して、自分の仕事に取りかかることができるのです。

祈りの必要

このように、神のみことばによって生きるとは、人生のすべてを主にゆだねることを意味します。わたしたちは絶えず神を必要とし、神により頼み、神を求めてやまない思いを感じるようになります。祈りはなくてならないものです。なぜなら、祈りはたましいの命だからです。家族での祈り、公の祈りには、それぞれの役割があります。しかし、たましいの命を支えるのは、人目につかない、神との隠れた交わりです。

神の栄光が宿る場所となるべきすばらしい建物の設計図をモーセが見たのは、神と共に山にいたときでした。わたしたちも同じように、神と共に過ごす山――交わりのための人目につかない場所――で、人類に対する神のすばらしい理想を瞑想する必要があります。そのようにしてわたしたちは、次の主の約束を実現し、品性を形づくることができるのです。「わたしは彼らの間に住み、巡り歩く。そして、彼らの神となり、彼らはわたしの民となる」（Ⅱコリント六章一六節）。

イエスが知恵と力をお受けになったのも、ひとりの祈りの時間のなかでした。主の模範に従って、夜明けや夕暮れ時に天の父と交わる静かな時を見いだすよう、青年たちに勧めなさい。そして一日中、彼らの心を神に向かって引き上げさせなさい。わたしたちの人生の一歩一歩で主は言われます。「わたしは主、あなたの神。あなたの右の手を固く取って言う／恐れるな、わたしはあなたを助ける、と」（イザヤ四一章一三節）。

こうしたことは、実際に自ら体験して学んだ者だけが教えることのできる教訓です。あまりに多くの親や教師が、神のみことばを信じると公言しながら、その力を否定するような生き方をしているために、聖書の教えは子どもや青年たちに大きな影響を与えないのです。聖書を良い道徳の教科書として扱い、それが時代の考え方や自分の社会的な立場に反しない限り従うことと、聖書をそのまま――つまり、生ける神のみことば、わたしたちの命なることば、わたしたちの行動や言語や思想を形成する言葉として――受け入れることとは、まったく別です。神のみことばを、それ以下に扱うことは、みことばを拒むことと同じです。そして、このみことばを信じると公言する者たちによる拒絶こそが、現代の青年たちのなかに懐疑論と不信心が広まっている第一の原因なのです。

神と共に過ごすこと

今、世界は、かつてなかったほどの熱狂のなかにあります。娯楽、金もうけ、権力競争、そしてまさに生きるための闘いのなかに、人の体と心とたましいを夢中にさせる恐るべき力が働いています。この人間を狂わせるような混乱のただなかで、神はわたしたちに語りかけておられます。来て、共に過ごすようにと、主はわたしたちを招いておられるのです。「静まって、わたしこそ神であることを知れ」（詩篇四六篇一一節／口語訳）と。

個人的な礼拝の時においてさえ、神と真に交わるという祝福を受けることができない人が大勢います。彼らは主と交わるのにあまりに性急です。彼らはあわただしくキリストの愛のご臨在という部屋の扉を押し開けて入って来て、ほんのひと時だけその聖なる部屋にとどまりますが、主の忠告をいただくために待とうとはしません。彼らには天の教師のもとにとどまる時間がないのです。彼らは重荷を背負ったまま、また働きに戻って行きます。

このような働き人は、力の秘訣を学ぶまで最高の成功を手に入れることが決してできません。彼らはじっくり時間をかけて考え、祈り、神が身体的、知的、霊的な力を新たにしてくださるのを待たねばなりません。彼らを引き上げてくださる主の御霊の影響力が必要です。この力を受けるとき、彼らは新たないのちで元気づけられるでしょう。疲れた体と頭脳は新たにされ、心の重荷は軽くなるでしょう。

ほんのひと時、主のご臨在のうちに留まるのではなく、個人的にキリストと触れ合うこと、主との交わりという部屋に腰を下ろすことこそが、わたしたちに必要なことなのです。親や教師が、ソロモンの次の言葉のなかに描かれた貴い経験を彼らの生活のなかでするなら、それはわたしたちの家庭の子どもたち、学校の生徒たちにとって、どんなにすばらしい日になることでしょう。「若者たちの中にいるわたしの恋しい人は／森の中に立つりんごの木。わたしはその木陰を慕って座り／甘い実を口にふくみました。その人はわたしを宴《うたげ》の家に伴い／わたしの上に愛の旗を掲げてくれました」（雅歌二章三、四節）。

第31章 一生の仕事

　どんな分野であれ、成功するには明確な目標が必要です。人生で真の成功を手にする人々は、真剣に努力するに価する目標を絶えず見つめています。現代の青年たちの前にも、そのような目標が置かれています。現代の世界に福音を宣《の》べ伝えるという、天から与えられた目的は、どんな人間の心をも動かす最も高貴な目的です。その心にキリストが触れた者には努力すべき分野が開かれるのです。

　わたしたちの家庭で成長する子どもたちに対する神の目的は、わたしたちの限られた理解を超えて広く、深く、高いものです。主はいつの時代にも、最もいやしい身分の人々のなかから忠実な者たちを召し出し、世界で最も高い地位に就かせてご自分の証人としてこられました。そして今日、ユダヤの家庭で成長したダニエルのように、神のみことばと御業を研究し、忠実な奉仕について学んでいる多くの青年たちは、やがて立法議会で、法廷で、あるいは宮廷で、王の王なるお方の証人として立つのです。大勢の人々がより広い宣教活動のために召し出されるでしょう。全世界は福音のために開かれつつあるのです。

何千万、何億もの人々が、神を知らず、キリストにおいて表されたその愛について聞いたこともありません。彼らにはこの福音の知識を知る権利があります。すでに福音を知っているわたしたちと、わたしたちから福音の知識を受け継ぐ子どもたちには、彼らの叫びに応える責任があるのです。今、この危機の時代にあって、あのイスラエルの歴史における危機の時に王妃エステルに投げられた問いが、すでに福音の光を受けているすべての家庭と学校に、すべての親と教師、そして生徒たちの上に、同じように投げかけられています。「この時のためにこそ、あなたは王妃の位にまで達したのではないか」（エステル記四章一四節）。

神の苦しみ

福音宣教を早めたり、妨げたりすることの結果について考えるとき、人々はそれを彼ら自身や世界と結びつけて考えますが、神と結びつけて考える人は、ほとんどいません。罪がわたしたちの創造主に与えた苦しみについて考える人は、ほとんどいないのです。キリストの地上での苦悩に際して、全天も苦しみましたが、その苦しみは、キリストが人となって地上においでになったときに始まったのでも、終わったのでもありません。十字架は、罪が発生当初から神のみこころにもたらしてきた苦痛を、わたしたちの鈍い感覚に示すものです。人が正しいことから離れるたびに、残酷な行いをするたびに、神の理想に到達できないたびに、神は苦しまれます。間違いなくイスラエルが神から離れた結果である災難――敵による迫害、残虐行為、死――が彼らに降《くだ》ったとき、「主の心はイスラエルの悩みを見るに忍びなくなった」（士師記一〇章一六節／口語訳）、また「彼らの苦難を常にご自分の苦難とし……てくださった」（イザヤ六三章九節）と聖書に書かれています。「被造物がすべて今日まで、共にうめき、共に生みの苦しみを味わっている」（ローマ八章二二節）ように、無限の父なる神のみこころは同情して痛むのです。

わたしたちの世界は、罪と病によって傷ついた人々の無数の集まりであり、わたしたちはあえてその悲惨な光景を頭に思い浮かべないようにしています。しかし、神はその痛みをすべて感じておられるのです。罪とその結果を滅ぼすために、神は最愛のひとり子をお与えになり、御子と共に働くによってこの悲惨な光景を終わらせる力をわたしたちに授けられたのです。「御国のこの福音はあらゆる民への証しとして、全世界に宣べ伝えられる。それから、終わりが来る」（マタイ二四章一四節）。

「全世界に行って、すべての造られたものに福音を宣べ伝えなさい」（マルコ一六章一五節）。これがキリストに従う者たちへの主のご命令です。わたしたちすべてが、いわゆる文字通りの牧師や宣教師として召されてはいないでしょう。しかしだれもが、「良き知らせ」を世界に伝えるために主と共に働くことはできます。身分によらず、学歴によらず、年齢によらず、だれもがこのご命令を受けているのです。

わたしたちは、このご命令を考慮しつつ、ただきちんと慣習に従う生き方をするようにとか、クリスチャンと公言しながら、主の自己犠牲に欠ける生き方をするようにとか、真理であるお方から「わたしはあなたを知らない」と判定される生き方をするようにと、子どもたちを教育するのでしょうか。

何千人もの人々がそうしているのです。彼らは子どもたちのために福音の御利益は期待しますが、その精神は拒みます。しかし、それはありえないことです。奉仕を通してキリストと交わる特権を拒む者たちは、主と共にそのご栄光にあずかるにふさわしい者となるための唯一の訓練を拒むからです。彼らは、この世において品性の力と気高さを与える訓練を拒みます。多くの親は、自分の子どもたちをキリストの十字架に従わせず、そうすることで子どもたちを敵の手に渡していたのだということに気づきますが、もう手遅れです。彼らは未来の滅びだけでなく、現在の人生の滅びをも確かなものにしたのです。

神の働きに就くための準備においてさえ、多くの者が誤った教育法のために道を外れてしまっています。人生というのは明確に異なる時期――学びの時期とその実践の時期、目標のための準備の時期とそれを達成する時期――から成り立っているという考え方がごく一般的です。青年たちは奉仕の人生のための準備として、本の学びによって知識を身につけるために学校に行きます。彼らは日々の生活のなかの責任から解放され、勉強に没頭し、しばしば何のために学んでいるのか目的を見失います。初めの熱い献身の思いは消え、あまりに多くの青年たちが何か個人的で利己的な野心を抱くようになるのです。

多くの若者が卒業して初めて、自分たちがいかに社会を知らなかったかを悟ります。彼らはあまりにも長い間、抽象的で理論的なことばかりを学んできたため、実生活の厳しい戦いに全力で立ち向かわねばならなくなったときに、まったく準備ができていません。彼らのエネルギーは、初めに志していた貴い働きのためではなく、ただ生活の糧を得る働きのために奪われていきます。繰り返し失望を味わい、まじめに生活のために働くことにさえ絶望し、多くの者たちがいかがわしい行為や犯罪まがいの行為に手を染め、世の中に流されていくのです。こうして世界は、受けることができたはずの奉仕を奪われ、神は、ご自分の代表者として引き上げ、貴い者とし、栄誉を与えようと望まれたたましいを奪われるのです。

人の判断の誤り

多くの親が、教育に関して自分の子どもたちを差別するというあやまちを犯しています。聡明で利発な子ども子どもには、どんな犠牲を払ってでも最高の条件を整えようとしますが、それほど有望と思われない子どもたちには、そのような機会が与えられません。人生の普通の務めを果たすには、最低限の教育があればよいと考えられているからです。

しかし、自分の子どものなかでだれが将来最も重要な責任を果たすようになるかを、言い当てられる親がいるでしょうか。サムエルがイスラエルを治める王になる者を、エッサイの息子たちのなかから一人選んで油を注ぐために遣わされたときの経験を思い出しなさい。立派な容貌をした七人の青年が彼の前を通り過ぎました。預言者サムエルは、整った顔立ち、よく発達した体格、そして貴公子のようにふるまう最初の息子を見て大声で言います。「彼こそ主の前に油注がれる者だ」（サムエル記上一六章六節）。しかし、神は言われます。「容姿や背の高さに目を向けるな。わたしは彼を退ける。人間が見るようには見ない。人は目に映ることを見るが、主は心によって見る」（同七節）。こうして七人すべてに対して、「主はこれらの者をお選びにならない」（同一〇節）との宣言が下されました。預言者としての彼の使命は、羊の群れの番をしていた末の息子、ダビデが呼ばれて彼の前に現れるまでは完結しませんでした。

サムエルが選んでいたであろう年長の兄たちは、神が主の民を治める者になくてならないとお考えになる資格を備えていませんでした。高慢で、利己的で、うぬぼれの強い兄たちは退けられ、彼らから軽んじられていた者、青年らしい無邪気さと誠実さを備えた者、自分を取るに足りない小さな者だと思っていた者が、この国の責任を担う者として神によって訓練されるにふさわしかったのです。現代においても、神は、親から見過ごされている多くの子どもたちのなかに、大いに有望視される他の子どもたちよりはるかに大きな将来性をご覧になるのです。

人生の責任について考えるとき、だれがその大小を決めることができるのでしょうか。つましい暮しをする労働者の多くが、社会の祝福となる働きを始めることによって、王たちも羨《うらや》む成果をあげてきました。

ですから、どの子どもも、主の最高の働きのために教育を受けなければなりません。「朝、種を蒔《ま》け、夜にも手を休めるな。実を結ぶのはあれかこれか／それとも両方なのか、分からないのだから」（コヘレト一一章六節）。

人生においてわたしたち個々に割り当てられる職務は、わたしたちの能力によって決められます。すべての人が同じような成長を遂げ、同じ能力で仕事ができるわけではありません。神は、ヒソプにヒマラヤ杉のような大きさを、オリーブの木にヤシの木のような高さをお求めにはなりません。しかし、わたしたちは、人と天の力の結合によって可能な限り高いところを目指すべきです。

多くの人々が、本来なれるはずの姿になっていないのは、自分たちのなかにある能力を十分に発揮していないからです。彼らは天の力にすがることができるのに、そうしないのです。多くの人々が、最も真実な意味での成功に到達することができるのに、その成功にいたる道からそれています。より大きな名誉を求めて、あるいはもっと楽しい仕事を求めて、彼らは自分たちにふさわしくない仕事に就こうとします。多くの者が、本来別の召しにふさわしい能力を持っているのに、専門的職業に就こうと志します。そして、農夫、職人、あるいは看護師として成功したかもしれないのに、牧師、弁護士、あるいは医師といった、彼らにふさわしくない職業に就いています。一方では、責任ある召しに応えるべき人たちが、気力、勤勉さ、あるいは忍耐が足りないために、安易な立場に甘んじているのです。

わたしたちは人生に対する神の計画に、もっとしっかり従う必要があります。最も近くにある仕事に最善を尽くすこと、わたしたちの道を神にゆだねること、そして主の摂理のしるしを見逃さないこと、このようなことが職業を選ぶにあたって安全で確かな導きとなる法則なのです。

わたしたちの模範となるために天からおいでになったお方は、平凡な手仕事をして三〇年近くを過ごされましたが、彼はこの間に、みことばと神の御業を学んでおられたのです。彼はまた、ご自分の影響力がおよぶ限りのあらゆる人々を助け、教えておられました。こうして公《おおやけ》の宣教が始まったとき、主は病気の人々を癒やし、悲しんでいる人々を慰め、そして貧しい人々に福音を伝えるためにあちこちに出て行かれたのでした。これこそが、主に従うすべての者がなすべき働きなのです。

キリストは言われました。「あなたがたの中でいちばん偉い人は、いちばん若い者のようになり、上に立つ人は、仕えるもののようになりなさい。……しかし、わたしはあなたがたの中で、いわば給仕する者である」(ルカ二二章二六、二七節)。

すべての真の奉仕は、キリストに対する愛と忠誠から湧き出るのです。キリストの愛によって触れられた心には、主のために働きたいという強い願いが生まれます。この願いは励まされ、正しく導かれなければなりません。家庭に、近隣に、あるいは学校に、貧しい人、苦しんでいる人、無視されている人、あるいは不運な人がいるという事実は、単なる不幸としてではなく、奉仕の貴重な機会として見なされるべきです。

他の働きと同様、この働きにおいても、技術は働きそのものを通して身につきます。そうした技術の有用性は、日常生活の平凡な職務や、貧しく、苦しんでいる人々に仕えることを通して訓練され、確かなものとなります。このような実際の働きがなければ、最善の意図をもってなされた努力もしばしば役に立たず、有害な場合さえあるのです。人が泳ぎを覚えるのは、陸の上ではなく、水のなかであるのと同じです。

教会員であることの大切さ

もう一つ、あまりにしばしば軽んじられている義務があります。それはキリストの求めに目覚めた青年たち一人ひとりに、はっきり伝えられねばならない義務です。すなわち、教会との関わりにおける義務です。キリストとその教会との関係は、非常に親密で神聖なものです。キリストは花婿であり、教会は花嫁です。キリストは頭《かしら》であり、教会は体です。キリストにつながれば、それは必然的に教会につながることを含むのです。

教会は奉仕のために組織されているのですから、キリストに仕える人生において、教会につながることはその第一歩です。キリストに忠実であるためには、教会のさまざまな義務を忠実に果たすことが求められます。これは教会員の訓練の重要な部分であり、主なるキリストの命が吹き込まれた教会において、それが外の世界に対する働きへとつながるのです。

青年たちが役に立つ働きの機会を見いだすことのできるたくさんの方法があります。教会に奉仕のグループを作って彼らを加入させなさい。親や教師は、青年たちの働きに関心を持つことで、自分たちの幅広い経験を彼らに伝え、青年たちの良い働きをより効果的なものにする手助けができます。

知ることは共感を生み、共感は効果的な宣教の働きの源です。子どもや青年たちのなかに、他の大陸で苦しんでいる何百万もの人々への共感と、彼らのために犠牲を払う精神を呼び覚ますために、こういう国々とそこに住む人々についてもっと知らせなさい。このような分野において、わたしたちの学校はもっと多くの成果をあげることができます。歴史上のアレクサンダー大王やナポレオンの偉業について詳しく説明する代わりに、使徒パウロ、宗教改革者マルチン・ルター、聖書学者モファット、宣教師リビングストンやケアリー、そして今日、世界で進展する宣教の働きについて学ぶよう、生徒たちに勧めるべきです。

老いも若きも必要とされている

この福音宣教の働きを完結するために、わたしたちの前には出て行くべき広大な宣教地が広がっています。そして、かつてなかったほど多くの普通の人々の積極的な協力が必要とされています。農場から、ぶどう畑から、作業場から、老いも若きも召されて、主なるキリストによって福音を伝えるために送り出されるでしょう。これらの人々の多くは、あまり教育を受けていないかもしれませんが、キリストは彼らのなかに、主の目的を完結するにふさわしい資質をご覧になります。もし彼らが主の働きに心を注ぎ、学び続けるなら、主が彼らを主の働きにふさわしい者としてくださるのです。世界の悲惨と絶望の深さを知っておられる主は、そこから救い出す方法もご存じです。主は暗闇のなかのいたるところに、罪と悲しみと痛みによって打ちひしがれているたましいをご覧になります。しかし、主はまた彼らの可能性をもご覧になります。主は、彼らが到達できる高みを見ておられるのです。

キリストは、地上の険しい場所で困っている人々を救うための重荷を、無知な人々に共感できる者たちや、与えられた才能を無駄にしてきた者たちの上に置かれます。主はあわれみに敏感な心を持った働き人を助けてくださいます。主は悲嘆のなかにあわれみを、喪失のなかに回復を見ることのできる者たちを通して働かれるのです。世を照らすキリストの光が差し込むと、惨禍のなかにも祝福が、災いのなかにもあわれみが隠されているのが見えます。普通の人々である働き人たちは、主なるキリストが全人類の悲しみを共にされたように、人類同胞の悲しみを分かち合い、信仰によって主が彼らと共に働いておられるのを見るのです。

「主の大いなる日は近づいている。極めて速やかに近づいている」（ゼファニヤ一章一四節）のですから、世界に警告しなければなりません。

こうして、すべての世代の何千万もの普通の人々が、彼らのできる準備をしてこの働きに献身しなければなりません。すでに多くの者たちが、これらの働き人の長である主の召しに応えており、その数は増えるでしょう。クリスチャン教師はこのような働き人たちに共感し、協力しなければなりません。彼らは、世話をしている生徒たちが主の働きに必要な準備ができるよう助け、励まさなければなりません。

青年たちにとって、これよりも大きな恩恵を受けることのできる働きはありません。宣教の働きに加わるすべての者は、神の助け手です。彼らは天使たちと共に働く者ですが、もっと正確に言えば、彼らは、天使たちがその使命を果たすための代理人なのです。天使たちは彼らの声を通して語り、彼らの手によって働きます。こうして人間の働き人たちは、天の代理人である天使たちと協力することで、教育と経験という恩恵にあずかるのです。教育の方法の一つとして、どんな大学の課程もこれに並ぶことはできません。

青年たちが正しく訓練され、主のために働く軍隊として配備されるなら、十字架にかけられ、よみがえり、そしてまもなくおいでになる救い主のメッセージは、どれほどすみやかに全世界に伝えられることでしょう。どれほどすみやかに終わりが――苦しみと悲しみと罪の終わりが来ることでしょう。子どもたちはどれほどすみやかに、地上にある罪の病と痛みの代わりに、「主に従う人は地を受け継ぎ／いつまでも、そこに住み続け」（詩編三七編二九節）、「都に住む者はだれも病を訴えることはな（く）」（イザヤ三三章二四節）、「泣く声、叫ぶ声は、再びその中に響くことはない」（同六五章一九節）と約束された地を受け継ぐことでしょう。

第32章　準備

子どもの最初の教師は母親です。最も感受性が強く、最も成長の速いこの時期、幼い子どもたちの教育のほとんどは、母親の手にゆだねられています。良くも悪くも、最初に彼らの品性を形づくる機会が母親に与えられているのです。母親はこの機会の価値の大きさを理解し、どんな教師にもまさってこの機会を最善に用いることのできる資格を備えていなければなりません。母親が子どもの教育に与える影響は最も強く、広くおよぶにもかかわらず、組織的な取り組みがほとんどなされていません。

こうした幼い子どもたちの世話を委ねられている者たちが、子どもたちの身体的な必要について知らないことが多すぎます。健康の法則や発達の原則について、彼らはほとんど知りません。まして子どもたちの知的、霊的な成長を手助けするにはふさわしくありません。こうした母親たちは、事業を経営することや社交界で輝くことには向いているかもしれません。あるいは、文学や科学の分野ですばらしい業績を残してきたかもしれません。しかし、子どもを育てることについては、ほとんど知識がないのです。おもにこのような知識の欠如のために、特に幼少期の体の発達についての知識がないために、多くの子どもたちが幼くして亡くなり、成人してもその多くが体に重荷を背負って生きています。[*]

母親と同じように父親にも、子どもの幼少期の養育やその後の教育について責任があります。両親共に親になるための周到な準備をすることが急務です。男性も女性も、体の発達の法則について、すなわち生理学や衛生学、出生前の胎児への影響、遺伝、衛生、衣服、運動の法則、病気の手当てなどについて知っておく必要があります。親は、知的な発達や道徳的な訓練についても、理解しておかなければなりません。

無限のお方であられる神は、この教育の働きが非常に重要であるとお考えになり、やがて（士師サムソンの）母となる女性の「あなたのお言葉のとおりになるのでしたら、その子のためになすべき決まりとは何でしょうか」という質問に答えるため、天の御座から使者を送られました（士師記一三章一二節）。そして父親に、その約束の息子の教育についての指示をお与えになったのでした。

親になるために必要な訓練

親たちが自分の働きの重要性を完全に理解し、この神聖な責任のための訓練を受けるまでは、教育が達成できること、あるいは達成すべきことがすべて達成されることはないでしょう。

教師にとって準備のための訓練が必要であることは、だれもが認めるところですが、この最も重要な準備の性質を理解している人はほとんどいません。子どもや青年たちの訓練に伴う責任を正しく認識している人々は、科学や文学の分野を教えるだけでは十分でないことを理解するでしょう。教師は、本の学びから得られる教育よりももっと幅広い教育を受ける必要があります。彼らは心の強さだけでなく、心の広さを持っていなければなりません。彼らは全霊を傾けるだけでなく、寛大でなければなりません。

知性を創造し、その法則をお与えになったお方だけが、完全にその必要を理解し、その発達を導くことがおできになります。神が与えられた教育の原則だけが安全な導き手です。すべての教師になくてはならない資格は、これらの原則を知り、完全に受け入れ、人生を支配する力とすることです。

実生活での経験は、必要不可欠なものです。整理整頓、物事を徹底して行うこと、時間を守ること、自制心、気分にむらがないこと、自己犠牲、誠実、そして礼儀は、なくてはならない資質です。

現代には、安っぽい品性、偽物の品性が溢れているので、これまで以上に、教師の言葉、態度、ふるまいによって、高潔な人、真実な人とはどんな人かを示す必要があります。子どもたちは、偏愛やその他の弱さや欠点をすぐに見抜くものです。教師は、子どもたちに教えたいと望む原則を自分の品性を通して表すことによってしか、子どもたちの尊敬を得ることができません。教師は、自分の日ごとの生活のなかでこれを実践することによってのみ、生徒たちのなかにいつまでも残る良い感化を残せるのです。

守るべき健康

他の資質と並んで教師にとって成功に必要なものに元気な体があります。健康であればあるほど、働きをより良く成し遂げることができるからです。

教師の働きはさまざまな責任を伴い、神経をすり減らすものなので、元気と日々新たな活力を保つために特別の努力が必要です。しばしば心も頭も疲れ、うつ的になったり、冷淡になったり、怒りっぽくなったりする傾向は、ほとんど避けられません。単にこうした気分と闘うのではなく、その原因を取り除くことが教師の義務です。教師は心に純粋さと優しさ、そして思いやりを保たねばなりません。つねに毅然《きぜん》として、穏やかで、元気でいるためには、頭脳と神経の力を保つ必要があります。

働きの量よりも質が重要ですから、教師は働きすぎないようにすべきです。つまり、あまりに多くの仕事を抱え込んだり、自分は適任ではないのに、他人の責任を引き受けたり、さらにその結果、元気の回復に役立つよりも、心身を消耗させるような娯楽や人との付き合いに加わるようなことは避けるべきです。

屋外で体を動かすこと、特に人の役に立つ労働は、体と心のレクリエーションのために最高の方法の一つです。こうした教師の良い模範は、体を使う労働に対する生徒たちの関心と敬意を呼び覚ますでしょう。

教師はあらゆる場面で注意深く健康の原則を守らねばなりません。教師がそうするのは、自分の有用性に影響があるだけでなく、子どもたちにも影響を与えるからです。教師はすべてのことに節制しなければなりません。食べるにも、着るにも、働くにも、そしてレクリエーションにおいても、彼らは良い模範とならなければなりません。

健康な体と高潔な品性が学問上の高い能力と結びつかなければなりません。教師がより多くの真の知識を持つほど、彼らの働きはより良いものになります。教室は表面的な働きの場ではありません。うわべだけの知識で満足する教師は、より高いレベルで有用な教師になることができません。

しかし教師の有用性は、その教師が取得している技能や教養の量によってではなく、どれだけ高い標準を目指しているかによって決まるのです。真の教師は鈍い思考や怠惰な精神、あるいはあいまいな記憶に満足しません。彼らは絶えずより高い学識、より良い方法を追い求めます。真の教師の働きには、日々新たに、子どもたちをやる気にさせ、気づきを与え、感化する力があります。

教師はその働きに必要な適性を備えていなければなりません。彼らは人の心を扱うために求められる知恵と気転を備えていなければなりません。すなわち、善を行う機会を逃さず、これを生かせる人、熱心さと真の威厳を兼ね備えた人、管理することができ、「教える適性を備えた」人であり、思想を吹き込むことのできる人、気力を奮い立たせ、勇気と生命を分け与えることのできる人――教師として必要とされているのは、こういう人です。

子どもや青年たちは、その気質、習慣、受けた訓練に大きな違いがあります。はっきりとした目的や確かな原則を持たない者もいます。彼らは自分の責任と可能性に目覚める必要があります。家庭で正しく訓練された子どもはほとんどいません。ある子どもは家庭でペットのように扱われてきました。彼らが受けた訓練はすべて表面的なものです。生まれつきの傾向のままにふるまい、責任を避けることが許されてきたために、彼らは物事をやり通す強い意思、忍耐力、自制心がありません。彼らはしばしば、すべての規律は不必要なものと考えます。また、他の子どもは非難されてばかりで自信を失っています。親の身勝手な束縛や冷酷さのために、かたくなさや反抗心が形成された子どももいます。こうしたゆがめられた性質が造り変えられなければならないとすれば、その働きは、ほとんどの場合、教師によってなされなければならないのです。

教師がこの働きを立派に成し遂げるためには、生徒のなかに見られる欠点と誤りの原因を探り当てるための共感と洞察力を持たねばなりません。彼らはまた、生徒一人ひとりが必要とする助けを与えることを可能にする気転、忍耐、そして揺るがぬ決意を持たねばなりません。優柔不断で安易な方向に流れてしまう生徒たちは、奮起を促すための励ましと助けを必要としています。自信をなくしている生徒たちには、再び自信を持たせ、努力しようという気持ちを起こさせるために、彼らに共感し、彼らを正しく認めることが必要です。

教師たちは、しばしば生徒たちと十分に交わっていません。彼らは共感や優しさを表すことがあまりにも少なく、厳しい評価を重々しく下すことが多すぎます。教師には揺るがぬ信念と確固たる態度が求められますが、厳格であったり、横柄であったりしてはなりません。冷たく厳しいだけで生徒のあら探しを好むような教師、子どもから遠く離れてただ立って見ているだけの教師、あるいは子どもたちと触れ合うことに無関心な教師はみな、子どもたちに良い感化を及ぼす道を自ら閉ざしてしまうでしょう。

どんな状況であれ、教師には不公平やえこひいきがあってはなりません。聡明で、人を引きつける魅力のある子どもたちには目をかける一方、最も励ましと助けを必要としている子どもたちに対しては批判的で忍耐が足りず、理解しようとしないなら、それは教師という働きをまったく誤解していることの証拠です。欠点が多く、厄介な子どもたちの扱い方によって教師の品性は試され、その教師が真にこの働きにふさわしい者であるかどうかが証明されるのです。

人のたましいを導く働きに献身する者たちの責任は重大です。真の父親、母親は、自分たちの責任を、生きている限り決して解放されることのない信託であると考えます。子どもたちは、その人生の初めから終わりまで、日々彼らを両親の心につなぐ絆の力を感じ続けます。親の行動、言葉、さらには表情まで、子どもたちを善いものにも悪いものにも形づくり続けるのです。教師はこの責任を親たちと分かち合うのです。教師はつねにこの働きの神聖さを覚え、この働きの目的を心に留めておく必要があります。ただ日々の務めを果たし、彼らの雇い主たちを喜ばせ、学校の評判を維持するだけでなく、彼らの生徒一人ひとりにとっての最高の幸福、彼らが人生において背負うであろう責務、その人生が要求する働き、そして必要とされる準備について考えなければなりません。教師の日々の働きは、子どもたちに、さらに子どもたちを通して周囲の人々に影響を及ぼし、その感化は時が終わるまで広がり、強まり続けます。すべての言葉と行いが神の御前で吟味されるその大いなる日に、彼らはその働きの実を間違いなく見るのです。

このことを自覚する教師は、日々の教室での課業が終わり、子どもたちが家に帰ったときに、自分の働きは終わったと感じることがありません。彼らの心には、つねに子どもや青年たちがいます。どうすれば子どもや青年たちを最も高貴な標準に到達させることができるかが、彼らの絶えざる学びと努力のゴールなのです。

真の高みを目指して

自分の働きに伴うチャンスと特権を理解する教師は、自己を向上させようとする真摯な努力を、何ものにも邪魔させないでしょう。彼らは最高水準の卓越に達するためなら、どんな労も惜しみません。彼らは、自分たちの生徒に望むことは、自らも努力します。

その責任の大きさを感じれば感じるほど、そしてますます熱心に自己の向上に努めれば努めるほど、教師は自分の有用さを妨げている短所をますますはっきりと認識し、ますます激しく悔やむようになります。教師は自分の働きの重要性、難しさ、可能性を知り、また感じるとき、「このような務めにだれがふさわしいでしょうか」（Ⅱコリント二章一六節）としばしば叫ぶことでしょう。

愛する教師たちよ、あなたがたが力と導きの必要を感じるとき、わたしはあなたがたに、「わたしを呼べ。わたしはあなたに答え」（エレミヤ三三章三節）、「わたしはあなたを目覚めさせ／行くべき道を教えよう。あなたの上に目を注ぎ、勧めを与えよう」（詩編三二編八節）という偉大な助言者なる主の約束を心に留めるよう、強く勧めます。

あなたがたの働きのための最高の準備として、わたしは最高の教師であられるキリストの言葉、その生涯、その方法をあなたがたに指し示します。ここにこそ、あなたがたの真の理想があります。天からの教師であるお方の御霊があなたがたの心と生き方を支配するまで、この理想を見つめ、思い描き続けなさい。その時、あなたがたは「鏡のように主の栄光を映し出しながら、……主と同じ姿に造りかえられていきます」（Ⅱコリント三章一八節）。

＊著者が本書を執筆した二〇世紀初頭のアメリカの状況を踏まえての記述です。

第33章 協力

品性を形づくるうえで、家庭ほど大きな影響を与えるものは他にありません。教師の働きは親たちの働きを補うものであって、その代わりにはなりません。子どもの幸福に関わるすべてのことにおいて、両親と教師は努めて協力しなければなりません。

協力という働きは家庭生活において、まず父親と母親から始めなければなりません。子どもたちを訓練するに当たって、両親はその責任を共に負うのですから、二人が共に行動するよう、つねに努力すべきです。彼らは神により頼み、互いを支え合うために、主に助けを求めなければなりません。両親は共に、子どもたちが神と原則に対して忠実であり、さらに子どもたち自身と彼らに連なるすべての人々に対して忠実であるように教えなければなりません。このように訓練するなら、子どもたちが学校で騒ぎや心配の原因になることはないでしょう。彼らは教師を支え、他の生徒たちの模範となり、励ましとなるでしょう。

子どもたちをこのように訓練する親は、教師を簡単に批判することがありません。彼らは、教育という責任を分かち合う教師をできるだけ支持し、尊敬することが、子どもたちのためであり、また学校の求めに対する道義だと考えます。

このことの重要さを理解していない親が多いのです。忠実で自己犠牲的な教師の影響力が、しばしば軽率で根拠のない批判によって打ち砕かれています。多くの親は、子どもに好き勝手をさせて甘やかしておきながら、彼らの無責任の結果を繕うという骨の折れる仕事を教師に押しつけています。彼らの批判が、さらに教師のそうした働きの難しさに追い打ちをかけるのです。学校の運営方針に対する批判や譴責は、子どもたちのなかに反抗心を増長させ、彼らの悪癖を強めてしまいます。

ある教師の働きについて批評や提案が必要な場合には、その教師と一対一で話し合うべきです。それでも効果がない場合は、学校行政の責任を負う者たちに相談するべきです。子どもたちの幸福は教師によって大きく左右されますが、彼らが教師に対して抱いている尊敬を弱めるようなことをしたり、言ったりすべきではありません。

子どもの性格や身体上の特徴や疾患についての詳しい情報を教師と共有しておくことは重要です。残念ながら、多くの親がこのことに気づいていません。またほとんどの親は、教師の技量にも、彼らと協力することにもほとんど関心がありません。

親たちが教師のことをよく知るようになることはまれなので、教師のほうから親を知ろうとすることが大切です。教師は生徒の家庭を訪問し、彼らの生活環境やその影響を知っておくべきです。個人的に生徒の家庭や暮らしに触れることによって、教師は子どもたちとの絆を強め、一人ひとり異なる性質や気性をどのように扱うべきかを知ることができます。

教師が家庭での教育に関心を持つとき、それは二重の意味で彼らを助けることになるでしょう。親の多くは仕事と心配事に追われ、子どもたちの人生の幸福のために影響を与える機会を見失っています。教師は、親がそのような可能性と特権を持っていることに気づくよう、多くのことができるのです。またある親は、自分の子どもを善良で有用な人物に育てなければいけないという責任を、必要以上に強く感じて苦しんでいます。教師はそのような親の悩みを分かち合うことによって彼らの重荷を軽くすることができ、その結果、教師も親も共に励まされ、力づけられるでしょう。

協力の原則

協力の原則は、子どもたちの家庭での訓練において測り知れない価値を持っています。子どもたちは幼いときから、自分が家庭という共同体の一員であると感じるように導かれなければなりません。小さな子どもにも日々の果たすべき役割があり、その小さな働きによって家庭は助けられ、皆が喜んでいることを感じさせなさい。年長の子どもたちは両親の助け手として計画に加わり、親の責任を分担すべきです。父親も母親も、子どもたちが助けてくれることを高く評価し、彼らが自信を持つことを願い、彼らが一緒にいてくれることを喜ぶなら、子どもたちも親の思いに応えるでしょう。こうして家庭での協力は、親の重荷を軽くし、計り知れない価値を持つ実際的な経験を子どもたちに積ませるだけでなく、家庭の絆を強め、品性の基礎を形づくるでしょう。

協力は教室の精神であり、学校生活の法でなければなりません。生徒たちの協力は教師にとって、教室の秩序を守るうえでまたとない助けとなるでしょう。落ち着きのなさから騒いだり、反抗的になったりする生徒たちの多くが、教室で助け合うことによって、彼らのあり余るエネルギーを発散する場所を見いだすことができます。年上の子どもは年下の子どもを助け、強い者は弱い者を助けるようにさせ、そうしてできる限り、自分の得意なことをするよう、すべての子どもに求めなさい。こうして子どもたちのなかに自尊感情が強められ、人の役に立ちたいという思いが育まれます。

聖書で教えられているように、協力の教訓を学ぶことは、青年たちだけでなく、親や教師にも大きな助けとなるでしょう。聖書の多くの協力の実例のなかで、特に注目したいのは幕屋の建築です。それはまた、品性を形づくるうえでも実物教訓となるものですが、すべての民は一つとなって、「心動かされ、進んで心から」（出エジプト記三五章二一節）献納物を携えて来たとあります。

バビロン捕囚から戻ったイスラエルの民が、貧困、困難、危険のただなかにあってもエルサレムの城壁を再建できたのは、「民が心をこめて働いたから」（ネヘミヤ記四章六節／口語訳）でした。救い主が何千人もの群衆を奇跡で養われたとき、弟子たちにも果たすべき役割がありました。パンはキリストの御手のなかで増えたのですが、それを受け取り、待っている群衆に配ったのは弟子たちでした。

「わたしたちは、互いに体の一部なのです」（エフェソ四章二五節）。「あなたがたはそれぞれ、賜物を授かっているのですから、神のさまざまな恵みの善い管理者として、その賜物を生かして互いに仕え」（Ⅰペトロ四章一〇節）合わねばなりません。

古代の偶像職人たちについて書かれた次のみことばは、今日、品性を形づくるうえで、わたしたちにとっても、さらにふさわしいモットーとなるでしょう。「彼らはおのおのその隣を助け、その兄弟たちに言う、『勇気を出せよ』と」（イザヤ四一章六節／口語訳）。

第34章 訓練

子どもたちが最初に学ばねばならない教えの一つに従順があります。子どもたちが論理的に物事を理解する年齢になる前であっても、従うことを学ぶことはできます。この従う態度は、優しく忍耐強い努力によって培われなければなりません。この従う態度（を幼い頃に養うこと）によって、のちに親や教師から離反し、彼らに辛く悲しい思いをさせ、ひいては人間の権威であれ、神の権威であれ、すべての権威に逆らう態度のもとになる、自分の意志と権威との間の葛藤を大いに予防することができるのです。

訓練の目的は、子どもたちが自分を治めることができるようになることです。彼らは独立心と自制心を学ばねばなりません。彼らが物事を理解できるようになったならすぐに、彼らの論理的思考力は従順の助けを借りなければなりません。従順は正しいことであり、論理的なことであることを彼らに示さなければなりません。彼らが、不服従《わがまま》は不幸と苦しみを引き起こすことを理解できるように助けなければなりません。「あなたは……してはならない」と神が言われるとき、それは、わたしたちが傷つき、幸せを失わないために、あらかじめ不服従の結果を警告しておられるのです。

子どもたちが、親や教師は神を代表していることを理解できるように助けなければなりません。親や教師が神のみこころと調和して行動している限り、彼らが家庭や学校で定める規則は神の律法でもあるのです。子どもたちは親や教師に従わねばならないように、神にも従わねばなりません。

意志を正しく用いること

親も教師も、過度の干渉によって子どもたちの成長を妨げないようにすることを学ぶべきです。過度の干渉は、放任と同じように良くありません。子どもの意志の「芽を折る」ことは恐ろしいあやまちです。力によって、表面的に服従させることはできるかもしれませんが、その結果、もっとかたくなな反抗心を育てることになります。仮に親や教師が力で抑えることができたとしても、その結果は子どもにとってやはり有害なものとなります。

知的な年齢になった人間を訓練することは、ものを言えない動物を訓練するのとは違ったものであるべきです。野獣には、ただ主人に対する服従だけを教えます。野獣にとって、主人は彼らの心であり、判断であり、そして意志なのです。この方法が時に、子どもたちの訓練に用いられ、彼らをロボットと変わらない存在にしています。心、意志、良心が、他者によって支配されているのです。

だれの心であれ、このように支配されることは、神のみこころではありません。個性を傷つけたり、そこなったりする者は、悪いものしかもたらさない結果の責任を取ることになります。子どもたちは、権威のもとにあるときには、よく訓練された兵士のように見えても、権威の支配がなくなれば、彼らの品性には力と揺るぎない意志が欠けていることがあらわになるのです。彼らは自分を治めることを学んでいないために、親や教師の要求以外に抑制というものを知りません。それがなくなると、彼らは自由をどのように用いればよいかがわからず、しばしば自堕落な生活に堕ち、身を滅ぼすのです。

ある生徒たちにとって意志を明け渡すことは、他の生徒たちがそうするよりもはるかに難しいことです。教師は、彼らに従うことを学ばせる際には、できる限りやさしい要求をするべきです。意志は教え、導かれ、陶治《とうや》されるべきであり、無視されたり、くじかれたりすべきではありません。意志の力は人生の戦いに必ず必要になりますから、大切に扱いなさい。

子どもたちは意志の真の力を理解しなければなりません。この賜物《たまもの》にはどれほど大きな責任が伴うかを、彼らは理解するように導かれなければなりません。意志とは、人のなかにある、自らを治める力、決断する力、あるいは選ぶ力です。理性を与えられた人類一人ひとりには、正しいことを選ぶ力があるのです。一つひとつの人生経験において、「今日、自分で選びなさい」（ヨシュア記二四章一五節）と、神のみことばはわたしたちに命じています。だれでも自分の意志を神のみこころの側に置くことができます。だれもが神に従うことを選べるのです。彼らがこうして自分を天の力に結びつけることによって堅く立つとき、何ものも彼らに悪を行わせることはできません。青年一人ひとりのなかに、子どもたち一人ひとりのなかに、その力が宿り、神の助けによって、高潔な品性が形づくられ、神と人のために役に立つ人生を送ることができるのです。

このような方法で子どもたちに自制を教える親や教師は、(家庭と社会のために)最も役に立つ働きをし、永遠にいたる成功を勝ち取るでしょう。表面的な部分しか見ない人々は、彼らの働きを、子どもたちの心と意志を絶対的な権威のもとに握っている者たちの働きほどには高く評価しないかもしれません。しかし後年、彼らの優れた働きの結果が明らかになるでしょう。

賢明な教育者たちは、生徒たちに接するとき、彼らが信頼を深め、名誉を重んじる心を強くするように努めます。子どもや青年たちは、信頼されることによって成長します。彼らの多くは、幼い子どもたちでさえ、誇りに感じる心を強く持っています。だれもが皆、信頼と敬意をもって扱われることを望んでいます。そして、それは彼らの権利なのです。彼らが何をするにも、つねに監視されていると感じさせるべきではありません。疑いの目は彼らの道徳心をくじくだけでなく、まさに防がなければならない悪い行為を生み出すことになります。何か悪いことをするのではないかとつねに目を光らせる代わりに、子どもたちと交わる教師たちは、彼らの落ち着かない心の働きを見抜き、悪い行為を抑止する影響力を及ぼすことでしょう。生徒たちが、自分たちは信頼されていると感じられるよう努めなさい。そうすれば、彼らのほとんどは、自分たちが信頼に価する者であることを証明しようとするでしょう。

この同じ原則に基づいて言えば、命令するよりも依頼するほうがよいのです。こうして依頼された生徒たちは、自分たちが正しい原則に忠実であることを証明する機会を得たことになります。彼らの従順は強制の結果ではなく、自らの選びの結果なのです。

規則を定め、実施する

教室を治める規則は、できる限り、学校の意見を代表したものであるべきです。規則に含まれる原則の一つひとつは、生徒たちがその正しさを納得できるように説明されるべきです。こうして彼らは、規則が守られているのを見届ける責任を感じるでしょう。

規則は少なくし、熟考されるべきであり、ひとたび定められたなら、確実に実施されなければなりません。それがどうしても変更不可能であるとわかれば、人間の知性はそれを受け入れ、適応するものです。しかし、わがままを許す余地があると、要求、期待、疑いが生じ、結果として、不満、いらだち、反抗心が生まれてしまいます。

神の統治には、悪との妥協がないことを明確にしておかねばなりません。家庭であれ、学校であれ、わがままは大目に見られてはなりません。自分が世話する子どもたちの幸福を心から願う親や教師は、権威に逆らったり、あるいは従わないために言い訳や言い逃れを用いたりする頑固なわがままに妥協しません。間違った行為を軽く見たり、なだめすかしたり、物で機嫌を取ろうとしたり、ついには、従うことを条件に彼らの要求をのむなどということは、感傷であって、愛ではありません。

「愚か者は罪を侮る」（箴言一四章九節／新欽定訳聖書）のです。わたしたちは、罪を小さなこととして扱わないように警戒しなければなりません。恐ろしいのは、人に間違ったことを行わせる罪の力です。「主に逆らう者は自分の悪の罠《わな》にかかり／自分の罪の綱が彼を捕える」（箴言五章二二節）とあります。子どもや青年たちが悪習慣のとりことなるのを見すごすことほど、親や教師にとって大きなあやまちはありません。

青年たちは生まれながらに自由を愛するものです。彼らは自由を求めますが、この測り知れない祝福は、神の律法に従って初めて楽しむことができることを理解させる必要があります。この律法こそが真の自由を守るのです。律法は、人を堕落させ、とりこにするものを指し示し、禁じ、律法に従う者たちを悪の力から守ってくれます。

詩編記者は言います。「広々としたところを行き来させてください。あなたの命令を尋ね求めています」（詩編一一九編二四節）。「あなたの定めはわたしの楽しみです。わたしに良い考えを与えてくれます」（同四五節）。

悪を正そうとするとき、わたしたちはあら探しや非難しようとする傾向に陥らないよう注意しなければなりません。非難が続くと子どもは戸惑うばかりで、変わりません。多くの子どもたちの心、特に繊細な感受性を持った子どもたちの心は、同情の感じられない批判的雰囲気によって、致命傷を受けます。木枯らしが吹くなか、花のつぼみが開くことはありません。

子どもは、その子特有の欠点をたびたび非難されると、それが異常なもの、改めようと努力しても無駄な欠点であると考えるようになります。こうしてしばしば、見かけ上の無関心や虚勢に隠される形で、落胆や絶望感が生じるのです。

譴責の真の目的は、あやまちを犯した者たちが自分のあやまちに気づき、彼らの意志がそれを正したいと願うように導くことによってのみ達成されます。この目的が達成されたなら、彼らに赦しと力の源を指し示しなさい。彼らの自尊感情を保ち、彼らに勇気と希望を吹き込むのです。

この働きは、人類にゆだねられた最も高尚で、最も困難で、最も重要な働きです。この働きには、最も繊細な気転と敏感な感受性、人間性についての知識、天来の信仰と忍耐、そして喜んで働き、見守り、待つことが求められます。

自制と訓練

他者を制御しようと望む者は、まず自分自身を制御しなければなりません。怒りに任せて子どもや青年たちを扱えば、彼らを怒らせるだけです。いらだって分別のない言葉を口にしそうなときは、沈黙すべきです。沈黙には不思議な力があります。

教師は、ひねくれた性質やかたくなに悔い改めようとしない心に出会うことを覚悟しなければなりません。しかし、このような子どもたちを扱うときは、教師自身もかつては訓練の必要な子どもであったことを決して忘れてはなりません。教師は、年齢、教育、経験などにおいて子どもたちにまさっているとはいえ、なお、しばしばあやまちを犯し、神のあわれみと忍耐を必要とする存在なのです。子どもたちを訓練するとき、教師は、自分たちと同じように悪への傾向を持つ存在を扱っているのだと考えるべきです。若者たちは、ほとんどすべてのことが学びであり、ある子どもにとって、学ぶことは他の子どもよりずっと難しいのです。このような生徒たちには、教師は忍耐をもって接し、彼らが物事を知らないことを責めたりせず、あらゆる機会を用いて励ますべきです。敏感で神経質な生徒には、特に優しく接する必要があります。自分たちも不完全な者であると意識することで、同じように困難と闘っている子どもたちに共感と忍耐をいつも示さなければなりません。

「人にしてもらいたいと思うことを、人にもしなさい」（ルカ六章三一節）。これが救い主の原則であり、子どもや青年たちの教育を委ねられているすべての者の原則でなければなりません。彼らも主の家族の若き一員であり、わたしたちと共に命の恵みを受け継ぐ者たちなのです。最も理解の遅い者にも、最も幼い者にも、失敗ばかりする者にも、そしてあやまちを犯す反抗的な者に対しても、キリストの原則を聖なるものとして守らなければなりません。

この原則に導かれるなら、教師は、生徒の失敗や過失を公にすることをできる限り避け、他の生徒たちの前での叱責や処罰を避けるでしょう。彼らは生徒たちが変わるためにあらゆる手を尽くすまでは、彼らを退学にしません。しかし、その生徒が個人的に何の利益も受けておらず、権威に対する反抗や軽視が学校の統治を揺るがしかねず、その生徒の影響が他の生徒にも広がりつつあることが明らかになれば、退学処分が必要となります。しかし多くの場合、退学を公表することで生徒に恥を与えることは、自暴自棄につながります。転校が避けられない場合でも、それを公表する必要はたいていありません。教師は両親との相談と合意のうえで、その生徒の退校を他の生徒たちの目にさらされないように配慮すべきです。

青年期というこの危険な時代にあって、彼らはどこでも誘惑に囲まれています。学校は誘惑にさらされている青年たちの「逃れの町」となり、彼らを忍耐強く、賢明に扱わねばなりません。その責任を自覚している教師は、わがままで反抗的な生徒を正しく導くために妨げとなるものは、すべてその心と生活から取り除くでしょう。愛と思いやり、忍耐と自制が、どんな時にも彼らの語る言葉の原則となります。正しさのなかにあわれみと同情が織り込まれるでしょう。叱責が必要なときには、彼らは誇張せず、控えめに語ります。あやまちを犯した生徒に、その誤りを穏やかに示し、立ち直るのを助けるでしょう。真の教師はみな、厳格なあまりあやまちを犯すよりは、あわれみ深くあるあまり失敗するほうがよいと感じるのです。

多くの手に負えないと思われている若者の心は、その外見ほどにかたくなではありません。見込みがないと見なされている者の多くは、賢明な訓戒によって立ち直ります。しばしばこのような若者は、親切にされるとすぐに心を和らげるのです。教師が誘惑に陥っている生徒たちの信頼を勝ち取り、彼らの長所を認めて伸ばすなら、彼らは多くの場合、それとは知らずに立ち直るでしょう。

天からおいでになった教師イエスは、強情ゆえにあやまちを犯す者たちを忍ばれます。主の愛が冷めることはなく、彼らのたましいを勝ち取るための働きがやむことはありません。主はみ腕を広げて、あやまちを犯す者、反抗する者、そして背教する者さえ、何度もお招きになります。主のみこころは、ひどい扱いをされている子どもたちの絶望に動かされます。苦しむ人間の叫びが主の耳に届かないことはありません。すべての人が主の目に貫く映りますが、主の同情と愛は、粗野で、不機嫌で、頑固な性質の人間に最も強く引き寄せられます。なぜなら、彼らがそうなった理由を、主はご存じだからです。最も誘惑に陥りやすく、最もあやまちを犯しやすい者たちは、主の気遣いの特別な対象なのです。

親や教師は、虐げられる者、苦しむ者、そして誘惑される者の弱さをご自分のものとされた主の心を自分の心としなければなりません。彼らは「自分自身も弱さを身にまとっているので、無知な人、迷っている人を思いやることができる」(ヘブライ五章二節)ようになるべきです。イエスは、わたしたちが受けるべき扱いよりもはるかに良い扱いをしてくださるのですから、わたしたちも、主が扱ってくださったように他者を扱わねばなりません。ですから、(子どもたちに対して、)救い主が同じような状況でお取りになるであろう方法以外の扱いをすることは、親であれ、教師であれ、許されないのです。

人生の訓練を経験する

だれもが、家庭や学校での訓練を終えると、人生の厳しい訓練を経験しなければなりません。この訓練に賢く対処する方法は、子どもたち一人ひとり、青年たち一人ひとりにはっきり教えられるべきです。

神がわたしたちを愛しておられること、わたしたちの幸福のために働いておられること、そして人間がいつも神の律法に従っていたなら、わたしたちは決して苦しみを知ることがなかったということは事実です。また、この世界では、罪の結果として、苦しみ、悩み、そして重荷が、すべての人に降りかかることも事実です。わたしたちは子どもや青年たちに、勇気をもってこれらの悩みや重荷に向き合うよう、教えなければなりません。彼らに共感すべきですが、決して自分をあわれむ思いを助長させてはいけません。子どもや青年たちに必要なのは、彼らを弱めるものではなく、彼らを鼓舞し、力づけるものなのです。

この世界は、軍隊がパレードをする場ではなく、戦場です。すべての青年たちが良い兵士として困難に耐えるよう召集されています。この世の評価や報いをもたらすことはないけれども、喜んで重荷を負い、困難な責務をにない、なすべき働きをなすことによって品性が真に試されるのだということを、青年たちに教えなさい。

試練に対する真の対処法は、試練から逃げることではなく、試練を別のものに変えることです。このことは、子どもが幼いときにも、成長してからでも、あらゆる訓練に当てはまります。子どもが幼い頃の訓練を怠り、結果として悪い傾向が強まると、その後の教育がさらに難しくなり、たいてい訓練が痛みを伴う過程になってしまいます。確かにそれは、生来の欲望や悪への傾向に逆らうことなので、粗野な性質にとって苦痛であるに違いありません。しかし、その痛みはのちに、より高尚な喜びのなかに忘れ去られます。

子どもや青年たちに、誤りの一つひとつ、失敗の一つひとつ、困難の一つひとつを乗り越えるたびに、そうした経験が、より良いもの、より高尚なものへの踏み台になることを教えなさい。このような経験を通して、人生を価値あるものとした人々は、みな成功を収めたのです。

偉人たちが到達し、とどまりし高みは
突然の飛翔で達しえたものではない
彼らは、仲間が眠りおりし夜の間も
懸命に上を目指していたのだ

（ヘンリー・W・ロングフェロー）

わたしたちは登る
足もとにあるものによって
習得せし良きもの、益なるものによって

驕《おご》りを退け、激情を押し殺すことによって
絶えず出会う悪を克服することによって
（ジョサイア・G・ホーランド）

「わたしたちは見えるものではなく、見えないものに目を注ぎます。見えるものは過ぎ去りますが、見えないものは永遠に存続するからです」（Ⅱコリント四章一八節）。利己的な欲望や傾向を否定することによって行う交換とは、価値のない過ぎ去るものを、永遠に残る貴いものと引き換えることです。それは犠牲ではなく、永遠の利益なのです。

「もっと良いものを」というのが教育の合い言葉であり、すべての真の生き方の法則です。キリストがわたしたちに、何かを捨てなさい、とお求めになっても、主は代わりにもっと良いものを与えてくださいます。若者たちはしばしば、見たところ悪いものではないものの、最善とは言えない目的、趣味、あるいは楽しみを大切にします。誇示、野心、自己中心などよりもっと良いものへ、彼らの目を向けさせなさい。本当の美しさ、より高尚な原則、より気高い生き方に、彼らを触れさせなければなりません。「ことごとく麗しい」（雅歌五章一六節／口語訳）お方を彼らに指し示しなさい。ひとたびキリストの上に目が注がれると人生の中心が定まります。青年の熱意、惜しみない献身、そして熱烈な忠誠は、そこに真の目的を見いだすのです。義務は喜びに、犠牲は楽しみに変わります。キリストに栄光を帰し、キリストのようになり、キリストのために働くことが、人生の最高の志、最大の喜びなのです。

「なぜなら、キリストの愛がわたしたちを駆り立てているからです」（Ⅱコリント五章一四節）。

第35章 来《きた》るべき学校

天国は学校です。その研究分野は宇宙であり、無限のお方である神が教師です。この学校の分校がエデンに建てられたのでした。人類救済の計画がその目的を完結したあとに、ふたたびエデンの学校で教育が行われます。

「目が見もせず、耳が聞きもせず、人の心に思い浮かびもしなかったことを、神は御自分を愛する者たちに準備された」（Ⅰコリント二章九節）のです。このような天の事柄は、みことばを通してのみ知ることができるのですが、それでもなお、その一部分の啓示にすぎません。

パトモスの預言者（ヨハネ）は、この来るべき学校について、次のように述べています。「わたしはまた、新しい天と新しい地を見た。最初の天と最初の地は去って行き、……更にわたしは、聖なる都、新しいエルサレムが、夫のために着飾った花嫁のように用意を整えて、神のもとを離れ、天から下って来るのを見た」（黙示録二一章一、二節）。

初めにエデンに建てられた学校と、この来るべき学校との間に、世界の歴史のすべて、すなわち人類の背信と苦しみの歴史、天の犠牲の歴史、そして死と罪に対する勝利の歴史が存在しているのです。最初のエデンの学校の状態が、すべてこの将来の学校のなかに見られるわけではありません。誘惑の機会を与える善悪を知る木はもうありません。そこには誘惑する者は存在せず、悪が生まれる可能性もありません。そこに住む一人ひとりの品性は悪の誘惑に耐えたので、もはや悪の力に影響される者は一人もいないのです。

キリストは言われます。「勝利を得る者には、神の楽園にある命の木の実を食べさせよう」(黙示録二章七節)。最初のエデンにあった命の木という賜物《たまもの》は条件付きのものであり、最終的に取り去られてしまいました。しかし、来世の賜物は絶対的なものであり、永遠に存続するのです。預言者は次のような光景を見ます。「神と小羊の玉座から流れ出て、水晶のように輝く命の水の川」(同二二章一節)があり、「その両岸には命の木があって」(同二節)、「もはや死はなく、もはや悲しみも嘆きも労苦もない。最初のものは過ぎ去ったからである」(同二一章四節)。

神の御前に帰還した人類は、初めの時と同じように、ふたたび神について学びます。「それゆえ、わたしの民はわたしの名を知るであろう。それゆえその日には、わたしが神であることを、『見よ、ここにいる』と言う者であることを知るようになる」(イザヤ五二章六節)。

そこでは、わたしたちの目を曇らせていたベールが取り除かれます。その時、わたしたちは、今は顕微鏡を通して垣間見《かいま》ている美しい世界を目の当たりにし、今は望遠鏡を通して遠くに見ているもろもろの天の栄光を見渡すのです。その時、罪の暗い影は取り除かれ、全地は「わたしたちの神、主の美しさ」(詩編九〇編一七節/欽定訳聖書)を纏《まと》って現れ、わたしたちの前には、なんとすばらしい研究分野が開かれることでしょう。自然科学を研究する者が創造の記録を読んでも、そこには悪の法則を思い出させるものは何も見当たりません。自然界が奏でる音楽に耳を澄ましても、物悲しい音や悲しげなかすかな音さえ聞こえてきません。

そこではエデンの暮らし、すなわち果樹園と畑の暮らしが待っています。「彼らは家を建てて住み/ぶどうを植えてその実を食べる。彼らが建てたものに他国人が住むことはなく/彼らが植えたものを他国人が食べることもない。わたしの民の一生は木の一生のようになり/わたしに選ばれた者らは/彼らの手の業にまさって長らえる」(イザヤ六五章二一、二二節)。そこでは、アダムとその子孫は、失った統治権を回復し、人類より低く造られた生き物たちは、ふたたび人類の権威を認めるでしょう。獰猛《どうもう》な生き物はおとなしくなり、臆病な生き物は信頼するようになるでしょう。

贖《あがな》われた者たちの前に、無限の広がりと言い表しようのない豊かさを持った歴史が開かれるでしょう。この世界においても、生徒たちは神のみことばという優位な立場から、歴史の広大な原野を見渡し、人類史を支配している原則についていくらかの知識を得ることはできるかもしれません。しかし、彼らの目はまだ曇っており、その知識は不十分です。彼らが永遠の光のなかに立つまでは、すべてのことをはっきりと理解することはできないのです。

その時、贖われた者たちの前に、時が始まる前に発生し、時が止まるまで続く大争闘の全貌が示されるでしょう。罪の発端の歴史、罪のゆがんだ働きによる致命的な虚偽の歴史、そして、真っ直ぐな道からそれることなく、誤りに対抗し、それを征服してきた真理の歴史――それらすべてが明らかにされます。目に見える世界と目に見えない世界の間を仕切っていた幕が取り去られ、驚くべきことが明らかになるでしょう。

天使たちの働き

わたしたちが聖なる天使たちの保護や介入にどれほど助けられているかは、永遠の光のなかで神の摂理が明らかにされるまではわからないでしょう。天使たちは、人間の生活と仕事のなかで活発に働いてきたのです。彼らは稲妻のように光輝く衣を着て現れたり、人間のかたちを取り、旅人の姿でやって来たりしました。人間の家庭でもてなしを受けたり、道に迷った旅人を導いたりすることもあります。盗人のたくらみをくじき、敵（サタン）の攻撃を退けたりもしました。

この世界の主権者たちは知りませんが、天使たちは彼らの議会でしばしば発言しました。人間の目は彼らを見、人間の耳は彼らの訴えを聴いたのです。議事堂や裁判の法廷で天からのメッセンジャーは、迫害され、虐げられている者たちを弁護しました。彼らは神の子どもたちに不当な扱いや苦しみをもたらすたくらみを打ち破り、邪悪な者たちを捕らえたのです。天の学校で学ぶ生徒たちには、これらすべてが明らかにされるでしょう。

贖われた者たちはみな、自分の人生における天使たちの働きを知るでしょう。自分の保護天使と語り合い、天が個人の人生にどのように介入したか、人類のあらゆる営みにどのように天の協力があったのか、その歴史を知ることはなんとすばらしいことでしょう。

その時、人生経験のなかで当惑したあらゆることの意味が明らかにされるでしょう。わたしたちにとって、困惑、失望、挫折した夢、くじかれた計画としか思えなかったことも、壮大かつ圧倒的な目的、勝利のための目的、つまり天と調和したことであったとわかるでしょう。

無我の精神をもって仕えてきた者たちはみな、彼らの労苦の実を天国で見るでしょう。あらゆる正しい原則と高潔な行為の結果を見るでしょう。この世でもその片鱗を見ることはできます。しかし、この世界における最も高潔な働きの結果が、それをなした人にこの世で示されることはなんと少ないことでしょう。

親や教師がこの世で最後の眠りにつくとき、彼らの生涯の働きは無駄であったように見えるかもしれません。彼らは、自分の忠実さが、とめどなく溢《あふ》れ出る祝福の泉を開いたことを知りません。彼らはただ信仰によって、自分の訓練した子どもたちがこの世の祝福や霊感となり、その影響が何千回も繰り返されることを知るのです。

忠実な働き人は、力と希望と勇気のメッセージを世に送り、すべての国々に住む人々の心に祝福の言葉を届けます。しかし、彼らが人知れず孤独に働く間は、その働きの結果をほとんど知ることがありません。人は種をまきますが、その収穫の祝福は、彼らが墓に入ったあとに、他の人が刈り取るのです。彼らが木を植え、他の人がその実を食べるのです。彼らはこの世で善のための働きを始めたことを知って満足しますが、来るべき御国で、それらの働きの結果を見るのです。

人々を無私の働きに導くために神がお与えになったあらゆる賜物が、天では記録されています。広範囲に及ぶその記録をたどること、わたしたちの働きによって高められ、貴いものとされた人々に会うこと、彼らの人生のなかに働いた真の原則の成果について知ること――このようなことが、天の学校での学びの一つ、地上での働きの報いとなるでしょう。

天での喜びと探求

天国では、わたしたちが知られているように、わたしたちも知るようになります。そこでは、神が人のたましいに植えつけられた愛とあわれみが、最も真実で最も清らかな形で表されます。聖なる者たちとの純粋な交わり、聖なる天使や、あらゆる時代の神に忠実であった者たちとの睦まじい交わり、「天と地にあるすべての家族」（エフェソ三章一五節）を結びつける聖《きよ》い交わり――こういったすべてのことを、来るべき御国では経験するのです。

そこには音楽があり、歌があります。それは、神が示された幻のなかを除けば、だれも聞いたことのない、だれの心にも思い浮かびもしなかったような音楽や歌です。

「そこには、歌う者たちと同様に、楽器を奏でる者たちもいる」（詩編八七章七節／欽定訳聖書）。「彼らは声をあげ、主の威光を喜び歌い」（イザヤ二四章一四節）ます。

「主はシオンを慰め／そのすべての廃墟を慰め／荒れ野をエデンの園とし／荒れ地を主の園とされる。そこには喜びと楽しみ、感謝の歌声が響く」（イザヤ五一章三節）。

天国では、あらゆる能力が開発され、あらゆる才能が増し加えられるでしょう。最も壮大な事業も推し進められ、最も高遠な抱負も成し遂げられ、最も高潔な志も実現されるでしょう。それでもなお、越えるべき新たな高み、感嘆すべき新たな不思議、悟るべき新たな真理、体と心とたましいのすべての力をもって当たるべき新たな目標がそこでは現れるのです。

宇宙のあらゆる宝は、神の子どもたちの研究のために開かれるでしょう。わたしたちは言葉に表せない歓《よろこ》びをもって、堕落していない天国の住人の持つ喜びと知恵に共にあずかるでしょう。わたしたちは、各時代にわたって、神の御手の業を瞑想《めいそう》することによって得られた宝を分かち合うのです。永遠にわたる歳月がめぐってもなお、さらなる学びと栄光に満ちた啓示が続くでしょう。永遠から永遠にわたって、神の賜物が「わたしたちが求めたり、思ったりすることすべてを、はるかに超えて」（エフェソ三章二〇節）授けられるでしょう。

「神の僕たちは神を礼拝」（黙示録二二章三節）するでしょう。地上の生活は天での生活の始まりであり、地上の教育は天の原則の手ほどきです。この世界でのライフワークは、来るべき世界のライフワークのための訓練です。品性においても、聖なる奉仕においても、わたしたちの現在の姿が、わたしたちの天での姿を予表しています。

「人の子がきたのも、仕えられるためではなく、仕えるためで……ある」（マタイ二〇章二八節／口語訳）。キリストの地上での働きは、彼の天上での働きであり、わたしたちがこの世で主と共に働いた報いは、来るべき御国で主と共に働くさらなる力、さらなる特権なのです。「あなたたちがわたしの証人である、と主は言われる。わたしは神」（イザヤ四三章一二節）。わたしたちも永遠にわたって神の証人となるでしょう。

各時代にわたって大争闘が続くことは、なぜ許されたのでしょうか。なぜサタンは、反逆を始めるや否やすぐに滅ぼされなかったのでしょうか。それは、宇宙が悪に対する神の扱いを見て、神の正義を確信するためであり、罪が永遠の有罪宣告を受けるためでした。救済の計画には、永遠の時を費やしても究め尽くせないほどの高さと深さがあり、またみ使いたちが探りたいと願う驚きがあります。すべての造られたものたちのなかで、贖われた者たちだけが、自分自身の経験を通して、罪との闘いが実際にどんなものであるかを知っているのです。彼らはキリストと一体になり、天使たちでさえあずかりえなかった、キリストの受けた苦しみを分かち合ったのです。彼らは救済の科学について証しすべきことを持っていないでしょうか――堕落しなかった者たちにとって価値あるものを持っていないでしょうか。

「こうして、いろいろの働きをする神の知恵は、今や教会によって、天上の支配や権威に知らされるようになったのです」（エフェソ三章一〇節）。そして神は、「キリスト・イエスによって共に復活させ、共に天の王座に着かせてくださいました。こうして、神は、キリスト・イエスにおいてわたしたちにお示しになった慈しみにより、その限りなく豊かな恵みを、来るべき世に現そうとされたのです」（同二章六、七節）。

「神殿のものみなは唱える／『栄光あれ』と」（詩編二九編九節）。そして贖われた者たちは、彼らが経験したことを歌い、その歌は神の栄光を宣言するのです。「『全能者である神、主よ、あなたの業は偉大で、驚くべきもの。諸国の民の王よ、あなたの道は正しく、また、真実なもの。主よ、だれがあなたの名を畏《おそ》れず、たたえずにおられましょうか。聖なる方はあなただけ』」（黙示録一五章三、四節）。罪に縛られた地上の人生において、最大の喜びと最高の教育は、奉仕のなかに見いだされます。罪深い人間性という制約から自由になった未来の状態において、最大の喜びと最高の教育は、証しすることと、「栄光に満ちた」「秘められた計画」、「あなたがたの内におられるキリスト、栄光の希望」（コロサイ一章二七節）について新たに学ぶことのなかに見いだされるのです。

「愛する者たち、わたしたちは、今既に神の子ですが、自分がどのようになるかは、まだ示されてはいません。しかし、御子が現れるとき、御子に似た者となるということを知っています。なぜなら、そのとき御子をありのままに見るからです」（Ｉヨハネ三章二節）。

その時、神の御子は、すなわち、ご自分の血によってわたしたちを贖い、ご自分の生涯を通してわたしたちを教えられたお方は、「喜びにあふれて非のうちどころのない者として、栄光に輝く御前に立たせ」（ユダ二四節）られた数えきれないほどの大群衆のなかに、「自らの苦しみの実りを見／それを知って満足」（イザヤ五三章一一節）されるでしょう。

真の教育

2022年9月1日　初版第1刷発行

著　者　エレン・G・ホワイト
訳　者　鈴木聖二
発行者　稲田 豊
発行所　福音社
〒241-0802　横浜市旭区上川井町1966 F30
Tel.045-489-4347　Fax.045-489-4348
印刷所　㈱平河工業社
(乱丁、落丁がありましたら、お取り替えいたします)

ISBN978-4-89222-545-1